der Marine

dmiral
Uniform

Kapitän 2. R.
im Rock

Ober-Ingenieur-Mechaniker
Parade-Uniform

Gardemarine v. Seekadettenkorps
gewöhnliche Uniform

Oberarzt
im Rock

Masch.-Mechaniker
im verkürzten Paletot

KALEIDOSKOP DER SEESCHLACHTEN

1. Band

Manfred Beike

Kaleidoskop der Seeschlachten

Armada
Trafalgar
Tsushima
»Bismarck«

1. Band

Brandenburgisches Verlagshaus

Vorderseite des Einbandes
Detail der Seeschlacht bei Tsushima, Mai 1905
(Zeitgenössische Darstellung)

Rückseite des Einbandes
Ausschnitt eines Gemäldes von C. C. van Wieringen, geschaffen Anfang des 17. Jahrhunderts. Es zeigt die spanische Flotte vor der englischen Küste

Vorsatz vorn und hinten
Uniformbild der russischen Marine um 1900
Russische Marineflaggen um 1900
Offiziersabzeichen der russischen Marine um 1900

Gegenüber dem Titel
Das russische Linienschiff »Zesarewitsch«. Es wurde in Seegefechten des Russisch-Japanischen Krieges schwer beschädigt

ISBN 3-327-00910-4

INHALT

VORWORT

Kampfhandlungen auf See haben seit altersher eine besondere Faszination. Leichter als die an Land ließen und lassen sie sich für die Verherrlichung von Heldentum, Mut, Tapferkeit und Manneszucht ge- und mißbrauchen. Die Frage, in wessen Interesse und für die Durchsetzung welcher Politik sie vorbereitet sowie durchgeführt wurden, konnte häufig sowohl in der mündlichen als auch in der schriftlichen Überlieferung in den Hintergrund gedrängt oder gar ausgeklammert werden. Das war um so leichter möglich, als die Zivilbevölkerung von ihnen weitestgehend ausgeschlossen blieb. Nur die unmittelbar beteiligten Kräfte und Mittel wurden in Mitleidenschaft gezogen, Einwirkungen auf Nichtbeteiligte, wie Plünderungen, Brandschatzungen, Zerstörungen von Städten, Dörfern und landwirtschaftlichen Nutzflächen traten in der Regel nicht auf. Das Blut, das an Land vor den Augen der Bevölkerung die Erde tränkte, wuschen auf See die Wellen unbemerkt von den Schiffsplanken. Die zurückkehrenden Seeleute berichteten, nicht immer wahrheitsgemäß, fast nur von ihren Heldentaten. So erregten die Gesunden staunende Bewunderung und die Verwundeten Mitleid. Die Toten, längst der See übergeben, waren bald vergessen. Hinzu kam noch, daß die Rückkehrenden nicht nur interessante Neuigkeiten, sondern auch klingende Münzen mitbrachten, von denen außer Dirnen und Schankwirten auch Händler und andere Kreise profitierten. Schon vor den Kampfhandlungen auf See brachten der Bau und die Ausrüstung von Kampfschiffen neben Arbeit für das einfache Volk Profit für die Reichen. Romantische Darstellungen taten ein übriges, um die Schrecken des Krieges auf See in den Augen des Volkes zu verharmlosen und ihn mit einem Glorienschein zu versehen.

Die Seekriegsgeschichte berichtet von unzähligen Kampfhandlungen. Nur die größten und spektakulärsten sind der Allgemeinheit bekannt. Kleinere, und das auch nicht im vollen Umfang, kennen nur die Seekriegshistoriker. Doch gerade sie machen die überwiegende Mehrzahl der Seekriegsereignisse aus. Aber was sind große und was sind kleine kriegerische Ereignisse auf See? Erst gegen Ende des 19. Jahrhunderts begann die Militärwissenschaft, im Zusammenhang mit der Einführung neuer Schiffsklassen und Waffen in die Flotten, mit der Definierung solcher Kategorien wie Treffen, Gefecht, Schlacht, Operation, Blockade usw. An Versuchen, sie auf vergangene Geschehnisse auf See anzuwenden, fehlte es nicht. Bisher schlugen diese Versuche fehl und werden wohl nie zu einem befriedigenden Ergebnis führen. Somit ist der Historiker gut beraten, wenn er die durch die Geschichte überlieferten, fest an ein Ereignis gebundenen Begriffe weiterverwendet, auch wenn sie oftmals nicht mit den heutigen Vorstellungen übereinstimmen. Viele Ereignisse auf See, zum Beispiel der Untergang der Armada, sind als Kampfhandlungen im heutigen Sinne kaum einzuordnen, hatten aber Auswirkungen, die die mancher »Seeschlacht« bei weitem übertrafen.

Dieses Problem erschwerte die Auswahl der Kampfhandlungen auf See. Eine Unterteilung nach Seeschlachten, Seegefechten, materiellen oder strategischen Auswirkungen, Beginn bzw. Ende einer Entwicklungsetappe oder anderen Merkmalen muß deshalb immer unvollkommen bleiben. Zu viele Ereignisse lassen sich unter diesen Aspekten zusammenfassen, zu viele sind nicht eindeutig zu klassifizieren.

Deshalb war der Verfasser bemüht, solche Ereignisse auszuwählen, die dem Leser aus der Seekriegsgeschichte zumindest dem Namen nach bekannt sein dürften und die bestimmte politische Entwicklungen in den einzelnen Perioden der Geschichte am besten illustrieren. Historische Hintergründe, Methoden ihrer Vorbereitung und Durchführung sowie Ergebnisse sollen dabei im Mittelpunkt stehen.

Um auch dem Laien die Möglichkeit zu geben, Vergleiche zwischen den einzelnen Entwicklungsetappen der Seekriegskunst zu ziehen, wurde bewußt auf eine chronologische Auswahl der einzelnen Ereignisse verzichtet. Jeder Band enthält deshalb Kampfhandlungen auf See aus verschiedenen Jahrhunderten.

Eine Beschreibung in zeitlicher Reihenfolge mit stärkerer Beachtung militärwissenschaftlicher Aspekte muß Anliegen einer zukünftigen Arbeit bleiben.

Charles Howard, Lord of Effingham und seit 1597 auch Earl of Nottingham, stand in enger verwandtschaftlicher Beziehung zur Königin. Seine Tante war die Großmutter Elisabeths I. Seit 1585 Lord High Admiral, setzte er im Dezember 1587 seine Flagge auf der »Ark Royal«. Erst im Januar 1619 legte er als 82jähriger sein Amt als Oberbefehlshaber der englischen Flotte nieder

Der Untergang der Armada (1588)

Nach der Wiederentdeckung Amerikas durch Kolumbus und der Kolonisierung weiter Gebiete des Kontinents vor allem durch Spanien, setzte in diesem Land ein großer wirtschaftlicher Aufschwung ein. Jedoch kam es in den 40er Jahren des 16. Jahrhunderts, trotz der permanenten Zufuhr von Edelmetall aus Amerika zu einer »Preisrevolution«, wodurch sich die spanischen Waren verteuerten und im Ausland nicht mehr abgesetzt werden konnten. Die im Gegenzug in das Land strömenden ausländischen Produkte schädigten die spanische Wirtschaft zusätzlich. Hinzu kam durch eine heute kaum noch vorstellbare extensive Schafhaltung ein ständig fortschreitender Verfall der Landwirtschaft. Die durch Abgaben an Feudalherren, Kirche und Staat stark belasteten Bauern verarmten immer mehr.

Schutzmaßnahmen von Gewerbe und Landwirtschaft unterblieben, da sie die unmittelbaren Interessen des Adels gefährdeten. Dafür wurde die Steuerschraube angezogen. Ein übermäßig aufgeblähter Verwaltungsapparat, der sich ständig auf Staatskosten bereicherte, verschlang beträchtliche Summen. Der ökonomische Niedergang nahm katastrophale Züge an.

In der feudal-absolutistischen Monarchie Spanien lag die gesamte Macht in den Händen des Königs. Als Kaiser Karl V. (1519–1556) im Jahre 1556 sein Reich teilte, wurde sein Sohn Philipp II. (1556–1598) König von Spanien und bekam zusätzlich die Franche-Comté, die Niederlande sowie die spanischen Besitzungen in Italien und Amerika als Herrschaftsgebiet zugesprochen. Von fanatischem katholischem Sendungsbewußtsein besessen, konnte der neue Herrscher, gestützt auf die ökonomischen Auswirkungen der Entdeckungen, eine bürgerliche Entwicklung des Landes verhindern. Sein Hauptziel und das der Kräfte, die er repräsentierte, bestand in der Durchsetzung des Katholizismus in ganz Europa. Dadurch versprach sich Philipp II. eine Vergrößerung des spanischen Einflusses und die führende Stellung in der internationalen Politik. Nach innen sicherte er seine Herrschaft durch die nur ihm rechenschaftspflichtige Inquisition ab. Diese Institution verfolgte nicht nur

Philipp II. von Spanien verstand sich als Vorkämpfer der Gegenreformation. Nicht in der Lage, die Möglichkeiten Spaniens real einzuschätzen, überzog er sie und leitete damit den Niedergang der Weltmacht ein

»Ketzer«, sondern auch politische Gegner des Absolutismus innerhalb und in bestimmtem Maße auch außerhalb Spaniens. Nach außen setzte er auf militärische Gewalt und diplomatische Intrigen. Das kostete natürlich Geld, was zu einer noch stärkeren Ausbeutung des eigenen Landes und der auswärtigen spanischen Besitzungen führte.

Die damaligen militärischen Unternehmungen Spaniens wurden entweder durch eine anmaßende Politik hervorgerufen oder, wie der Niederländische Befrei-

Maria Stuart, Königin von Schottland, durch den in- und ausländischen katholischen Feudaladel zur Gegenspielerin Elisabeths I. gemacht, wurde 1587 nach langer Haft in England hingerichtet

Elisabeth I. von England traute auch nach dem Untergang der Armada ihren Seeleuten nicht vollständig. Deshalb forderte sie die Besetzung der »Invasionshäfen« in Frankreich und den Niederlanden

ungskampf (1566–1606), durch reaktionäre ökonomische Maßnahmen der spanischen Besatzungsmacht und den erbarmungslosen Kampf gegen die »Ketzer«, direkt provoziert. Das Resultat war eine doppelte Belastung für Spanien, denn einerseits entfielen die Einkünfte aus den Niederlanden und andererseits entstanden nicht unbeträchtliche Kriegskosten. Der 1580 gewaltsam durchgeführte Anschluß Portugals mit seinem Kolonialreich, möglich geworden durch das Erlöschen der portugiesischen Dynastie, brachte den äußerlichen Höhepunkt der spanischen Weltmacht, aber letztlich doch nicht die erwartete und notwendige ökonomische Entlastung.

Die militärischen Auseinandersetzungen mit der Türkei wurden von Philipp II. zwar nicht gesucht, dienten aber in letzter Konsequenz auch der Sicherung des spanischen Einflusses im westlichen und mittleren Mittelmeerraum.

Noch vor seiner Thronbesteigung gelang Philipp II. ein geschickter diplomatischer Schachzug. Er heiratete 1554 die englische Königin Maria Tudor (1553 bis 1558), eine Tochter Heinrichs VIII. (1509–1547) und dessen erster Frau, Katharina von Aragon (1485 bis 1536). Maria Tudor, eine fanatische Katholikin, versuchte mit »spanischen« Methoden in England den Katholizismus wieder einzuführen, was ihr den Beinamen »die Blutige« einbrachte. Ihre Anstrengungen mußten allerdings scheitern, da sich das Land vom Katholizismus feudaler Prägung schon zu weit entfernt hatte. Als sie 1558 starb, war damit dieses Zwischenspiel für England beendet. Hier begann sich im 16. Jahrhundert eine kapitalistische Entwicklung abzuzeichnen. Die Förderung von Eisen, Zinn, Blei, Kupfer und Kohle nahm ebenso zu wie die Produktion von Tuchen, Glas, Seife, Pulver, Schreibpapier usw. All das gestattete und förderte den Handel mit anderen Ländern. Da dieser aber auf Grund der Insellage nur mit Schiffen zu realisieren war, entwickelte sich der Schiffbau im entsprechenden Maße. Die entstehenden Handelskompanien wirtschafteten profitabel und kollidierten mit den spanischen Interessen nicht nur in Europa, sondern auch in Übersee. Elisabeth I. (1558 bis 1603), ebenfalls Tochter Heinrichs VIII., aber aus zweiter Ehe mit Anne Boleyn (1507?–1536), bestieg 1558 den englischen Thron. Sie kam mit ihrer Politik den Interessen des bürgerlich orientierten Adels und der sich entwickelnden Bourgeoisie entgegen, die sie willig in ihrem Kampf gegen die katholisch-feudalen Gruppierungen im eigenen Land und im Ausland unterstützten.

In Spanien sah man dieser Entwicklung nicht ruhig zu. Von hier aus wurde Maria Stuart (1542–1587) geholfen, die mütterlicherseits ebenfalls aus dem Hause Tudor stammte und Anspruch auf den englischen Thron erhob. Im Gegenzug dazu finanzierte Elisabeth I. die Niederländer in ihrem Kampf gegen das spanische Feudalregime sowie die Hugenotten in Frankreich. Darüber hinaus förderte sie die englischen Kaperkapitäne, besser Piraten genannt, die nicht nur Schiffe überfielen, sondern auch spanische Städte in Übersee plünderten. Der dadurch für Spanien entstandene Schaden betrug jährlich rund 3 Mill. Dukaten. Piratenkapitäne wie John Hawkins (1532 bis 1595) und Francis Drake (1543–1596) wurden berühmt, geadelt und Admirale der Königin.

John Hawkins, eigentlich Reeder in Plymouth, begann 1562 einen schwunghaften Handel mit Sklaven von der Guineaküste, die er auf Haiti an spanische Ko-

Francis Drake, berühmtester Piratenkapitän Englands. Für seine Verdienste um die Krone wurde er von Elisabeth I. geadelt und zum Admiral ernannt

lonisten verkaufte. Damit legte er den Grundstein für den englischen Sklavenhandel, der bald darauf auch von anderen Piraten betrieben wurde.

Francis Drake segelte 1578 mit einem kleinen Geschwader durch die Magalhãesstraße. Anschließend plünderte er an den Küsten Chiles und Perus spanische Städte aus, wobei ihm die zum Abtransport nach Europa bereitgestellten Gold- und Silbervorräte in die Hände fielen. Über den Stillen Ozean segelnd, kehrte er 1580 mit gewaltiger Beute nach England zurück. Damit hatte Drake nicht nur Spanien außerordentli-

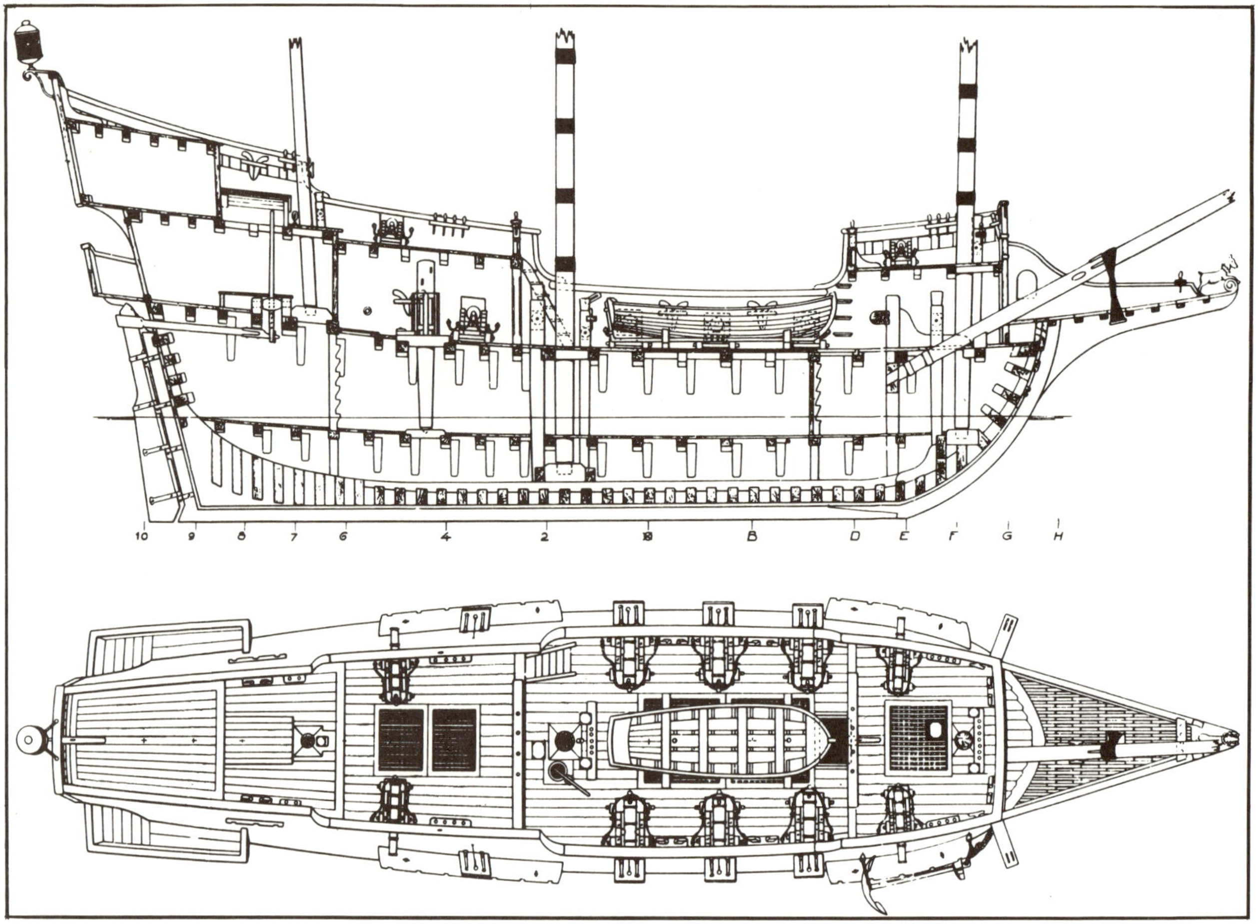

Riss der »Golden Hind«

chen Schaden zugefügt, sondern auch als zweiter Seefahrer die Welt umsegelt.

Philipp II. war über die Verluste, die ihm durch die englischen Piraten zugefügt wurden, äußerst gereizt. Seine Entschädigungsforderungen wurden von Elisabeth I. abgelehnt, und ihr Besuch auf Drakes Schiff fügte zu dem Schaden noch den Spott.

Bis dahin wurden die Auseinandersetzungen zwischen den beiden Mächten in Europa hauptsächlich mit Geld und nur in Übersee durch Waffen geführt, aber im Verlauf der Zeit spitzten sich die Widersprüche so zu, daß ein direktes militärisches Zusammentreffen nicht mehr zu vermeiden war. Offiziell ging es dabei um Glaubensfragen, tatsächlich aber um die Lösung der Konflikte zwischen der entstehenden fortschrittlichen bürgerlichen und der überlebten feudalen Ordnung. Ein für die Übergangsepoche vom Feudalismus zum Kapitalismus typischer Krieg zeichnete sich ab.

In Spanien entstanden relativ früh Pläne zur Invasion in England. Bereits 1569 schlugen Herzog Alba (1507–1582), spanischer Statthalter in den Niederlanden, und Don Juan d'Austria (1547–1578), Halbbruder Philipps II., eine Landung in England vor. Aber dazu war die Zeit noch nicht reif. Die militärischen Auseinandersetzungen mit den Türken eskalierten, der 1568

Eine typische dreimastige Galeone aus der Vorarmadazeit. Dieser Schiffstyp ist eindeutiges Zeugnis dafür, daß, trotz der relativ stark anmutenden Artillerie, das Entern Hauptziel war. Die übermäßig hochgezogenen kastellartigen Aufbauten an Bug und Heck sollten das Entern der eigenen Besatzung erleichtern und das des Gegners erschweren. Dafür wurde große Windanfälligkeit und schlechte Kursstabilität in Kauf genommen. Das über die Kuhl gespannte Netz erschwerte ebenfalls das Entern. Die im Vorderkastell nach achtern gerichteten gut sichtbaren Kanonen hatten die Aufgabe, den Gegner aus der Kuhl zu vertreiben. Gleichartige Kanonen befanden sich auch im Achterkastell

ausgebrochene Aufstand der Morisken, der mohammedanischen Bevölkerung Spaniens, war noch nicht niedergeschlagen, Einmischungen in Frankreich galten als wichtiger und der Widerstand der Wald- und Seegeusen in den Niederlanden konnte trotz drakonischer Maßnahmen nicht gebrochen werden. All das belastete den Staatshaushalt so stark, daß die notwendige Flotte nicht ausgerüstet und noch ein Traum bleiben mußte. 1575 kam es sogar zum Staatsbankrott.

Erst 1580 konnte der Invasionsgedanke wieder Gestalt annehmen und sich ab 1583 langsam materialisieren. Am 12. März 1586 schlug der Marquis von Santa Cruz (1526–1588), der in der Seeschlacht von Lepanto

Herzog von Alba Fernando Alvarez de Toledo konnte trotz drakonischer Unterdrückungsmaßnahmen den Widerstand der Niederländer nicht brechen

(7. Oktober 1571) die Reserve kommandierte, ein Invasionsprojekt von gigantischen Ausmaßen vor. 556 Schiffe, darunter 150 große Kriegs- sowie 360 Transport- und Troßschiffe, wurden benötigt. Zahlreiche flachgehende Landungsschiffe, in den Niederlanden gebaut, sollten zum Einsatz kommen und 94000 Mann mit Artillerie, Kavallerie und Troß anlanden. Dieses Unternehmen hätte in acht Monaten mindestens 4,4 Mill. spanische Kronen verschlungen. Philipp II. sah sich außerstande, die Mittel dafür aufzubringen und verwarf es. Dieses Projekt bildete aber die Grundlage für eine andere und vor allem billigere Variante. Dabei war vorgesehen, einen Teil der Landungstruppen von Flandern aus in England anzulanden sowie ihre Überführung und Ausschiffung durch die spanische Flotte zu decken.

Den Befehl zur Vorbereitung der Flotte auf die Invasion erhielt Santa Cruz, einziger Vertreter des spanischen Hochadels, der über maritime Erfahrungen verfügte. Seine erste Maßnahme bestand in der Konzentrierung der für das Unternehmen in Frage kommenden Schiffe in Cádiz und Lissabon. Danach begannen die Schwierigkeiten der Ausrüstung. Große Mengen an Waffen, Munition und Proviant mußten beschafft werden. Ein korrupter Beamtenapparat machte die Aufgabe nicht leichter. Trotzdem entwickelten sich die Vorbereitungen erfolgreich. Das Auslaufen wurde für den Sommer 1587 ins Auge gefaßt.

In England blieben die spanischen Aktivitäten nicht verborgen, doch über Gegenmaßnahmen herrschte anfangs Uneinigkeit. Eine Möglichkeit bestand in der Vernichtung der angelandeten Truppen, eine zweite in der Vernichtung der Landungstruppen bereits auf See. Ausschlaggebend war schließlich der qualitative Vergleich der sich gegenüberstehenden Kräfte. Ein englisches Heer mußte den durch viele Kriegsjahre erfahrenen Landungstruppen unter dem Befehl von Alexander Farnese, Herzog von Parma (1545–1592), unterlegen sein. Demgegenüber hatten die englischen Schiffe gegen die spanischen wesentlich größere Erfolgsaussichten, aber ebenso wie Spanien verfügte auch England nicht über eine kampfkräftige Flotte. Obwohl die Krone 34 Kampfschiffe unterhielt, reichten sie für die zu lösende Aufgabe bei weitem nicht aus. Es galt also, weitere Schiffe heranzuziehen.

In dieser Situation erhielt Drake Anfang April 1587 den Befehl, mit 24 Schiffen in den Hafen von Cádiz einzudringen und dort soviel Schiffe wie möglich zu zerstören. Zwar wurde, als er schon auf See war, der Befehl wieder zurückgenommen, aber der Gang der Ereignisse ließ sich nicht mehr aufhalten. Spanien mußte 37 Einheiten, wenn auch unbemannt und unbewaffnet, aus der Flottenliste streichen. Damit war der Sommer 1587 als Auslauftermin illusorisch geworden. Aber das war nicht das einzige Resultat der Fahrt von Drake, denn anschließend suchte er noch die portugie-

Dieser Kupferstich aus dem 16. Jahrhundert belegt ebenfalls, daß das Entern Hauptziel der Kampfhandlungen auf See war. Die relativ geringe Wirkung der Artillerie gewährleistete noch nicht die Vernichtung des Gegners.

Die spanischen Galeonen ähnelten nicht nur Schaukelpferden, sie hatten auch ein solches Seegangsverhalten. Zusammen mit schlechten hygienischen und Lüftungsbedingungen wird das nicht zum Wohlbefinden der unter Deck untergebrachten Soldaten beigetragen haben

sische Küste heim. Jedes noch so kleine Fischerboot wurde vernichtet, und die für die spanische Flotte bestimmten Faßdauben verbrannt. Das sollte ein Jahr später Auswirkungen haben, denn die nun notwendige Verwendung von nicht abgelagerten Dauben führte zum schnellen Verderb von Wasser und Proviant. Darüber hinaus kaperte Drake bei den Azoren den Ostindienfahrer »San Felipe« mit streng geheimen Segelanweisungen für diese Gewässer sowie mit Gewinnabrechnungen und einer Ladung im Wert von 2 Mill. Mark. Trotzdem setzten die Spanier ihre Vorbereitungen fort. Da traf sie der nächste Schlag. Am 9. Februar 1588 starb Santa Cruz. Spanien war zwar in der Lage Schiffe zu ersetzen, aber einen zweiten fähigen Flottenführer besaß es nicht. Deshalb wurde der Herzog von Medina-Sidonia (1549–1619) als neuer Befehlshaber eingesetzt. Als Mann von hoher Bildung und ruhigem Charakter, der von der See nur die Seekrankheit kannte, fühlte er sich überfordert und lehnte ab. Philipp II. akzeptierte die totale maritime Unkenntnis

Der Herzog von Parma trug durch seine Inaktivität nicht unwesentlich zum Scheitern der spanischen Invasion in England bei

des Herzogs nicht als Ablehnungsgrund und stellte ihm lediglich den erfahrenen Seemann Martinez de Recalde, dessen Adelsprädikat zur Übernahme des Kommandos nicht ausreichte, als Stabschef zur Seite.

Am 1. April wurde Sidonia in den Kriegsplan eingewiesen. Er enthielt u. a. folgendes: »Er (Sidonia M. B.) solle mit der ganzen Armada direkt zum Englischen Kanal gehen, diesen bis zur Themsemündung (Margate) hinauflaufen, von dort mit Parma in Verbindung treten und dessen Überfahrt nach England sichern.« Weiter: »Die Küsten Frankreichs und Flanderns seien wegen ihrer Untiefen zu meiden. Die Küste Englands sei deshalb zu halten und die Reise trotz etwaiger Diversionen englischer Streitkräfte fortzusetzen. Zusammenstöße seien nicht zu suchen, um die eigenen Kräfte möglichst zu schonen, da die Flotte zur Landung 6000 Mann an Parma abzugeben habe. Gefochten solle nur werden, wenn ohne Kampf die Überfahrt der Invasionsarmee nicht zu erreichen wäre.«

Sidonia hatte nicht nur mit dieser Instruktion, die jede Initiative unterdrückte, aber für ihn verbindlich war, sondern auch mit Mängeln in der Ausrüstung zu kämpfen. Proviant und Kleidung fehlten, ein Teil der Schiffe war falsch beladen usw.

Endlich konnte die Flotte am 30. Mai auslaufen. Aber bereits auf der Höhe von Kap Finisterre stellte sich heraus, daß ein Teil der Vorräte ungenießbar und die Wasserfässer ebenso wie einige Schiffe undicht waren. Sidonia mußte am 19. Juni La Coruña anlaufen. Von neuem wurde verproviantiert. Erste Zweifel am Gelingen des Unternehmens klangen an, und eine Verschiebung um ein Jahr wurde vorgeschlagen. Doch Philipp II. blieb unzugänglich. Am 22. Juli 1588 verließ die »felicissima Armada«, die unbesiegbare Bewaffnete, endgültig Spanien. Doch um hier der Wahrheit die Ehre zu geben muß allerdings gesagt werden, daß sie diesen Spottnamen erst nach ihrer Niederlage erhielt.

Die Armada verfügte für die damalige Zeit über einen beeindruckenden Bestand. 64 Galeonen und größere Kampfschiffe, darunter sieben mit einer Wasserverdrängung von mehr als 1000 t, 11 kleinere Kampfschiffe, je vier Gelassen und Galeeren, 23 Urcas, langsame Transportschiffe mit einer Wasserverdrängung zwischen 200 bis 700 t sowie 22 leichtere Transporter mit einer Wasserverdrängung zwischen 50 bis 300 t liefen aus. An Bord befanden sich rund 8000 Seeleute und 19000 Soldaten, 2088 Ruderer sowie ungefähr 300 Priester. 2431 Geschütze, 1497 aus Bronze und 934 aus Eisen, bildeten die Artilleriebewaffnung. 123790 Kanonenkugeln und etwa 5600 Zentner Pulver standen zur Verfügung. Damit konnte im Durchschnitt jedes Geschütz etwa 50 Schuß abgeben.

Für die Kampfhandlungen an Land wurden 12 Feldlafetten, 21 Feldstücke mit 3500 Kugeln, 1000 Flinten, 7000 Hakenbüchsen, 10000 Piken, 1000 Spieße und anderes Gerät mitgeführt. Allein der tägliche Unter-

Der nach einer Zeichnung von Pieter Bruegel (um 1530–1569) von Frans Huys geschaffene Kupferstich stellt eine auslaufende Galeone dar. Das stehende und laufende Gut ist mit größter Sorgfalt wiedergegeben. Deutlich ist zu erkennen, wie am Bugspriet der Enterdraggen, der zum Festhalten und Heranziehen gegnerischer Schiffe diente, klargemacht wird

halt dieser Flotte soll Philipp II. 30000 Dukaten gekostet haben.

Parma, der mit 30000 bis 40000 Mann in den Niederlanden stand, hatte 20000 Soldaten für die geplante Landung abzugeben.

Elisabeth I., einerseits auf Sparsamkeit bedacht, andererseits von einer spanischen Invasion nicht überzeugt, verhinderte lange die notwendige Vorbereitung des Landes darauf. Nach dem ersten mißlungenen Auslaufen der Armada gab sie sogar den Befehl zur Abrüstung der schwersten Kampfschiffe. Die Ausführung dieses Befehls konnte allerdings hintertrieben werden. Als die Nachricht eintraf, die Invasion werde nicht aufgegeben, mobilisierte sie jedoch alle Kräfte zu ihrer Abwehr. An der englischen Südküste wurden Truppen konzentriert und Signalstationen errichtet. Durch Ausrufung eines Aufgebots, die Mietung von Kauffahrtei- und Piratenschiffen sowie durch andere Mobilisierungsmaßnahmen, wuchs der Bestand der Flotte ständig an. Ihr Oberbefehlshaber war der Lord

High Admiral Charles Howard Earl of Nottingham und Lord of Effingham (1536–1624). Unter ihm dienten solche erfahrenen Kapitäne wie Drake, Hawkins, Frobisher (1535–1594), Fenner, Seymour und Winter.

Der genaue Bestand der englischen Flotte ist nicht überliefert, muß aber mindestens 182 Schiffe mit 14500 Mann betragen haben. 34 Schiffe stellte die königliche Marine, von denen nur zwei über 1000t und 20 unter 500t Wasserverdrängung hatten. Drake, auf der »Revenge«, befehligte 34, Howard selbst, an Bord der »Ark Royal«, 38 Einheiten. Die Stadt London stellte 30 Schiffe. Seymour und Winter hatten zusammen 23 Schiffe versammelt. 23 Kapitäne unterstellten sich freiwillig der königlichen Flotte. Insgesamt besaßen nur 14 Schiffe eine Wasserverdrängung von mehr als 500t. Von den an Bord befindlichen Leuten waren 1/3 bis 1/4 Soldaten.

Eine genaue Beschreibung der Abmessungen der von beiden Seiten eingesetzten Schiffe ist aus heutiger Sicht äußerst kompliziert. Schriftliche Dokumente sind nur spärlich vorhanden, und die überlieferten Zeichnungen lassen nicht immer eine genaue Aussage zu. Hinzu kommt noch, daß zur damaligen Zeit die Schiffe nicht in Serie gebaut wurden, also jedes ein Unikat darstellte.

Die größten Galeonen dürften eine Gesamtlänge von ca. 50m und eine Mittschiffsbreite von rund 12m gehabt haben. Zu ihren auffälligsten Merkmalen zählten die hohen Decksaufbauten über Bug und Heck. Drei bis vier Decks über dem Heck waren keine Seltenheit, die Spanier bauten noch mehr ein. Vier Masten, Fock-, Groß-, Besan- und Hinterbesanmast, die beiden ersten rahgetakelt und die beiden letzteren mit Latinersegeln versehen, waren die Regel.

Mannigfaltig, von Schiff zu Schiff unterschiedlich und zumindest der Anzahl nach beeindruckend, war die Artilleriebewaffnung. Große Galeonen führten 70 bis 80 Geschütze. Dabei ist allerdings zu beachten, daß schätzungsweise nur 20 Prozent dieser Waffen Munition mit einem Gewicht von knapp 8kg verschossen. Das Geschoßgewicht der restlichen ging bis zu 200g hinunter.

Diese Umstände führten dazu, daß die Flotten ein buntes Bild boten und jedes Schiff einen anderen Gefechtswert besaß. Die Folge war eine erschwerte Führung.

Der Sommer 1588 war ungewöhnlich stürmisch. Bereits am fünften Tag nach dem Auslaufen wurden 40 Schiffe von der Armada abgetrieben, von denen aber 31 bis zum 29. Juli wieder auf die Hauptkräfte sammeln konnten. Nicht zu spät, denn am gleichen Tage gegen 16.00 Uhr wurde die englische Küste bei Kap Lizard gesichtet. Wahrscheinlich schon am Morgen dieses Tages erfuhr Howard die Position seiner gegnerischen Flotte und lief aus Plymouth aus. WNW-Winde gestalteten dieses Manöver äußerst schwierig und brachten ihn zusätzlich in die ungünstige Leeposition zur Armada.

Sie segelte inzwischen in dicht aufgeschlossener Halbmondformation, die eine Länge von 6 bis 7sm hatte, mit Kurs auf den Englischen Kanal. Ihr Ziel war die schnellstmögliche Vereinigung mit den Truppen des Herzogs von Parma. Ein am 30. Juli durchgeführter Kriegsrat zeigte, daß immer noch nicht klar war, wie und vor allem wo das geschehen sollte.

In der Zwischenzeit versuchte Howard die Luvposition zu bekommen, die er am Morgen des 31. Juli, einem Sonntag, einnehmen konnte. Der Angriff begann. Aber vorher überbrachte erst eine Pinasse Howards die Herausforderung an Sidonia. Um 09.00 Uhr gaben die Engländer den ersten Schuß ab.

Beide Seiten hatten eine ihnen bis dahin unbekannte Aufgabe zu lösen. Segelkriegsflotten dieser Größenordnung standen sich noch nie gegenüber. Eine zweckmäßige Taktik war weder in der Theorie noch in der Praxis gefunden. Die Spanier, auf ihre positiven Erfahrungen von Lepanto bauend, setzten auf den Enterkampf. Von der Absicht zum Entern bedingt, waren auch die Bug- und Heckaufbauten sehr hochgezogen, was die Segel- und Seegangseigenschaften der Schiffe verschlechterte. Da die, wenn auch noch geringen, Möglichkeiten der Breitseitenartillerie nicht erkannt oder unterschätzt wurden, wurde die Dwarslinie als Gefechtsformation angewendet.

Die Engländer, besonders die Piratenkapitäne, bevorzugten eine freieres Manövrieren. Da das in einer dichtgedrängten Dwarslinie nicht möglich war, ergab sich fast von selbst eine lose Kiellinie als Gefechtsformation. Daraus resultierten wesentlich bessere Möglichkeiten zum Einsatz der Breitseitenartillerie, die sie natürlich auszunutzen suchten. Wie der sechsstündige Kampf vom 31. Juli zeigte, gelang es ihnen jedoch noch nicht in genügendem Maße. Ihr Artilleriefeuer richtete nur geringen Schaden an, und der Angriff auf die Flügel blieb fast wirkungslos. Aber auch die Spanier hatten keinen Erfolg, da sie mit ihren langsamen Schiffen nicht an die englischen herankamen. Ein Entern wurde damit unmöglich. Trotzdem brachte das erste Gefecht Resultate, vor allem in Hinblick auf die Moral der Besatzungen. Auf die erstmals in einer solch großen Flotte handelnden Engländer waren die Auswirkungen positiv, auf die der einer Seemacht von Weltgeltung angehörenden Spanier negativ.

Doch unbeirrt und noch vollzählig setzte die spanische Flotte ihre Fahrt fort. In der Nacht auf den 1. August verlor sie die ersten Schiffe. Die »Nuestra Senora del Rosario« (46 Kanonen) fiel durch eine Kollision und die »San Salvador« (25 Kanonen) durch eine Explosion aus. Beide Schiffe ergaben sich widerstandslos Drake, der, eine leichte Beute witternd,

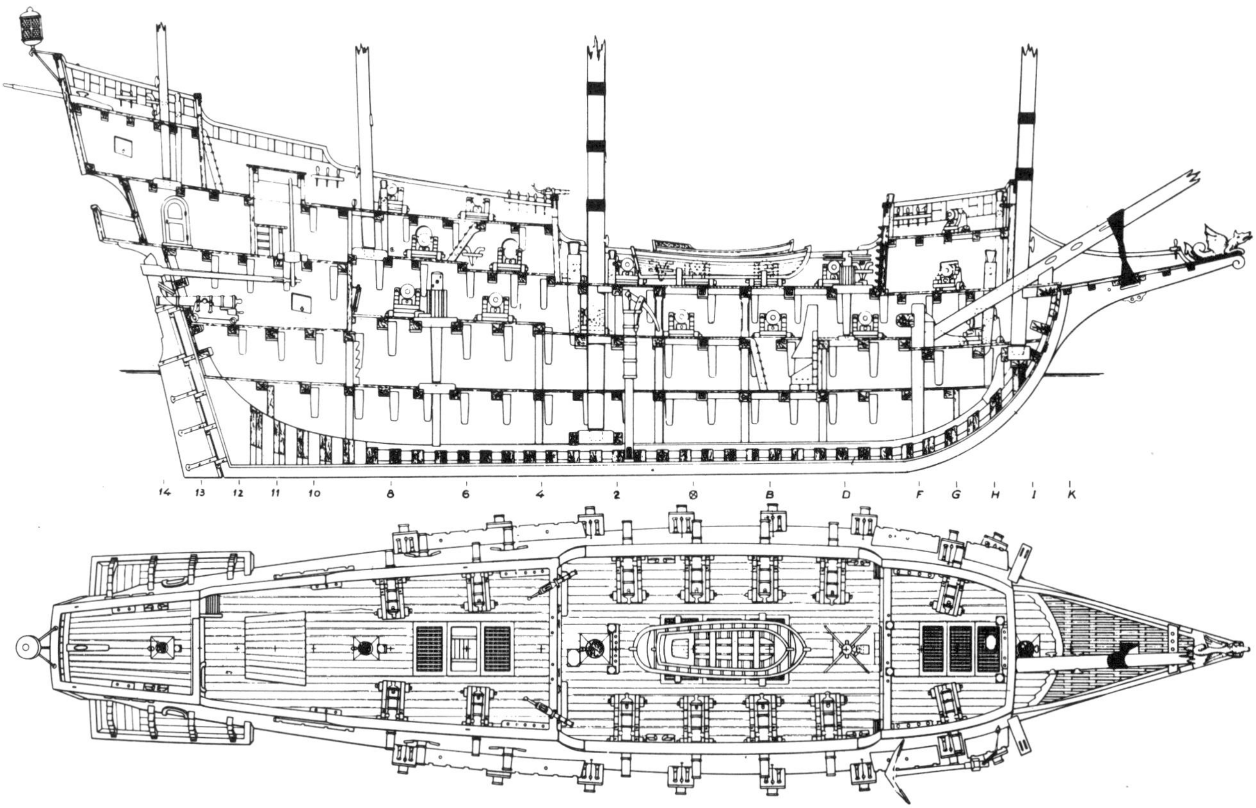

Linke Seite:
Drakes Flaggschiff, die »Revenge«, im Gefecht

Riss der »Revenge«. Die Vorder- und Achterkastelle sind wesentlich niedriger gehalten als bei den spanischen Galeonen

seine Position verließ. Diese Undiszipliniertheit brachte Howard in eine komplizierte Situation. Er nahm an, daß Drake befehlsgemäß vor ihm segelte und näherte sich an. Als es hell wurde, stellte er fest, daß er sich inmitten spanischer Schiffe befand. Reaktionsschnelles Handeln und die Verblüffung der Spanier retteten ihn.

In der nächsten Nacht flaute der Wind ab. Die Spanier nutzten das und trugen einen Angriff mit vier Gelassen vor. Mangelnder Mut verhinderte jedoch greifbare Ergebnisse. Als der Wind am Morgen des 2. August wieder auffrischte, wehte er aus NO. Plötzlich, auf der Höhe von Portland, befand sich die Armada in Luvposition. Es begannen Gruppenkämpfe, die den ganzen Vormittag anhielten. Keiner Seite gelangen bemerkenswerte Gefechtserfolge. Die Spanier kamen wiederum nicht zum Entern, und den Engländern gelang es nicht, in die gegnerische Gefechtsformation einzubrechen. Es stellte sich für beide Seiten heraus, daß die Wirkung der Artilleriegeschosse weit geringer als erwartet war. Als der Wind auf SW sprang, wurde das Gefecht abgebrochen, und die Armada setzte in guter Ordnung ihre schicksalsschwere Fahrt fort.

Obwohl keine zählbaren Verluste zu verzeichnen waren, ergaben sich doch Konsequenzen, die nicht ohne Folgen bleiben sollten. Auf beiden Seiten wurde nämlich die Munition knapp. Dieser Umstand mußte sich zum Vorteil für die Engländer auswirken, denn sie konnten sich, wenn auch nicht in ausreichendem Maße, von den Küstenkastellen versorgen. Für die Spanier war die Munition unersetzbar.

Da beide Seiten unter Munitionsmangel litten, verlief der 3. August ohne Kampfhandlungen. Die Engländer nutzten diesen Tag zum Auffüllen ihrer Bestände, und die Spanier waren froh, keinen Schuß abgeben zu müssen. Darüber hinaus bildete Howard seine jetzt ca. 120 Segel zählende Flotte in vier Geschwader um. Eins führte er selbst, die anderen Drake, Hawkins und Frobisher.

Am 4. August standen die Flotten auf der Höhe der Insel Wight. Der Wind hatte fast völlig abgeflaut. Durch erlittene Gefechtsschäden verlor Recalde mit seiner »St. Anna« den Anschluß an die Hauptkräfte und schien eine leichte Beute zu sein. Frobisher ließ sich deshalb durch Ruderboote mit einem Teil seines Geschwaders bis auf Musketenschußweite an das gegnerische Schiff heranschleppen. Spanische Einheiten, besonders die Gelassen, brachten Recalde Entlastung. Auch an anderen Stellen kam es zu Kampfhandlungen, wobei die Engländer erstmals die unteren Batterien einsetzten. Aufgrund der bis dahin herrschenden schlechten Wetterlage konnten ihre Stückpforten vorher nicht geöffnet werden. Als der Wind auffrischte, brachen die Spanier aus Munitionsmangel das Gefecht ab. Eine Entscheidung fiel wiederum nicht. Lediglich die »St. Anna« mußte aufgegeben werden. Sie strandete später an der französischen Küste.

Sidonia gelang es, seine Flotte zu sammeln und die Fahrt fortzusetzen. Gleichzeitig schickte er einen Boten zu Parma ab und bat ihn, sich bereitzuhalten.

Der 5. August verlief für beide Seiten ruhig. Howard munitionierte auf und ergänzte die Besatzungen. Neue Schiffe verstärkten seine Flotte. Sidonia entsandte einen zweiten Boten nach Parma und bat um Munition, 40 leichte Segelschiffe sowie um sofortiges Auslaufen beim Erscheinen der Armada vor Dünkirchen.

Am 6. August, gegen 16.00 Uhr, sichtete die Armada Boulogne und lief weiter in Richtung Calais. Eine Antwort von Parma war noch nicht eingetroffen. In dieser militärisch und auch nautisch unklaren Situation ließ Sidonia am Abend zwischen Calais und den vorgelagerten Bänken ankern. Ein letzter Bote mit der nun dringlichen Forderung nach endlicher Vereinigung mit der Armada wurde zu Parma abgeschickt, der sich, für Sidonia unbekannt, in Brügge aufhielt.

Karte 1
Der Weg der spanischen Armada

Bis zu diesem Zeitpunkt hatte die englische Flotte ihre Aufgabe voll erfüllt. Die befürchtete Landung fand nicht statt. Dem Gegner wurden zwar nur geringe

Verluste, doch nicht zu unterschätzende Beschädigungen beigebracht. Die Versorgung der Flotte mit Munition, Verpflegung und Mannschaften konnte, wenn auch mit Schwierigkeiten, sichergestellt werden. Es gelang, den Schiffsbestand ständig zu ergänzen. Howard hatte Recht, als er in dieser Situation sagte »We pluck their feathers little by little«. (Wir rupfen ihr Gefieder Stück für Stück.)

In einer ganz anderen Situation befand sich Sidonia. Seine eigentliche Aufgabe, die Deckung der Landungstruppen, hatte immer noch nicht begonnen, doch schon waren Munition und Verpflegung knapp und die Gefechtsschäden bedeutend. Ohne Stützpunkt lag seine Flotte in Schußweite der Engländer auf einer ungeschützten Reede. Von den Kräften, derentwegen er die komplizierte Reise unternommen hatte, war nichts zu sehen und zu hören. Die Moral der Schiffsbesatzung sank immer mehr.

Am 7. August trafen von Parma zwei deprimierende Nachrichten ein. Er befand sich weder in Dünkirchen noch war er auslaufbereit und benötigte mindestens noch 14 Tage, um die lecken Transportschiffe herzurichten. Die Detachierung von Unterstützungskräften konnte aufgrund der Blockade durch die niederländische Flotte nicht realisiert werden. Wie er mit seinen Landungskräften diese Blockade durchbrechen wollte, blieb ebenfalls unklar. Bitter rächte sich die Nichtbeachtung der Niederländer.

Die Engländer, vermutlich um weitere 36 Einheiten verstärkt, gaben die einmal errungene Initiative nicht mehr aus den Händen. Howard ließ acht seiner schlechtesten Schiffe umrüsten, die in der Nacht vom 7. zum 8. August als Brander in die vor Anker liegende Armada liefen. Sidonia, dem inzwischen »Seebeine« gewachsen waren, hatte diesen Angriff vorausgesehen und Bereitschaft zum Ankeraufgehen befohlen. Als es soweit war, kam es zu einem Chaos. Gegenseitige Kollisionen und Grundberührungen waren die Folge. Zwei Schiffe verbrannten, und eine Gelasse, die »San Antonio«, lief so auf Grund, daß sie nicht mehr freikam. Die Flotte trieb mit dem Strom in Richtung Gravelines. Nur mit Mühe gelang es dem Befehlshaber, seine Flotte wieder in Dwarslinie zu formieren. Seine Lage war wenig beneidenswert. Da der Wind aus NW kam, befand er sich in Lee zur englischen Flotte, die zudem noch auf der Seeseite lag. Er selbst hatte gefährliche Untiefen im Rücken. Um 09.00 Uhr wurden die Kampfhandlungen eröffnet. Der Druck auf die spanischen Flügel war so stark, daß sie ihr Zentrum behinderten. Jegliche Ordnung ging verloren. Um die Wirkung der Artillerie zu erhöhen, verminderten die Engländer die Schußdistanz auf weniger als 100m. Die Spanier, deren Artilleriemunition verbraucht war, antworteten mit Handfeuerwaffen. Aufkommender Sturm und zunehmender Munitionsmangel bei den Engländern machten diesem Gefecht ein Ende. Dabei verloren die Spanier 16 Schiffe mit 4000 bis 5000 Mann. Fast alle übrigen Einheiten hatten Lecks und Schäden an der Takelage.

Am 9. August konstatierte der Kriegsrat: Die Aufgabe der Armada war nicht mehr zu erfüllen. Es ging nur noch um ihre Rettung. Ein Vorschlag zum Überwintern in der Deutschen Bucht oder in den norwegischen Schären wurde sofort verworfen. Es blieben nur zwei Wege. Zum einen die Rückfahrt durch den Englischen Kanal und zum anderen die Rückfahrt um die Englischen Inseln herum. Gegen den Kanal sprach der Munitionsmangel, für ihn die wesentlich kürzere Distanz. Also wurde der Wind zum Schiedsrichter gemacht. Wehte er aus südlichen Richtungen, sollte England umrundet werden, wehte er aus nördlichen Richtungen, wollte man den Weg durch den Kanal einschlagen. Der Wind wehte aus Süden. Die Armada lief in die Nordsee ab, womit das eigentliche Drama erst begann. Hervorgerufen wurde es zwar durch die Engländer, aber nicht inszeniert. Nachdem sie sicher waren, daß es zu keiner Landung mehr kommen würde, gaben sie die Verfolgung bei ca. 55 Grad Nord auf und liefen ab 12. August die Heimathäfen an.

Der neue Feind der Armada wurde nun das Wetter. Für diese Jahreszeit ungewöhnlich starke Stürme machten der ohne genaue Karten in unbekannten Gewässern segelnden Flotte zu schaffen. Diesen Bedingungen waren weder die schwer beschädigten Schiffe

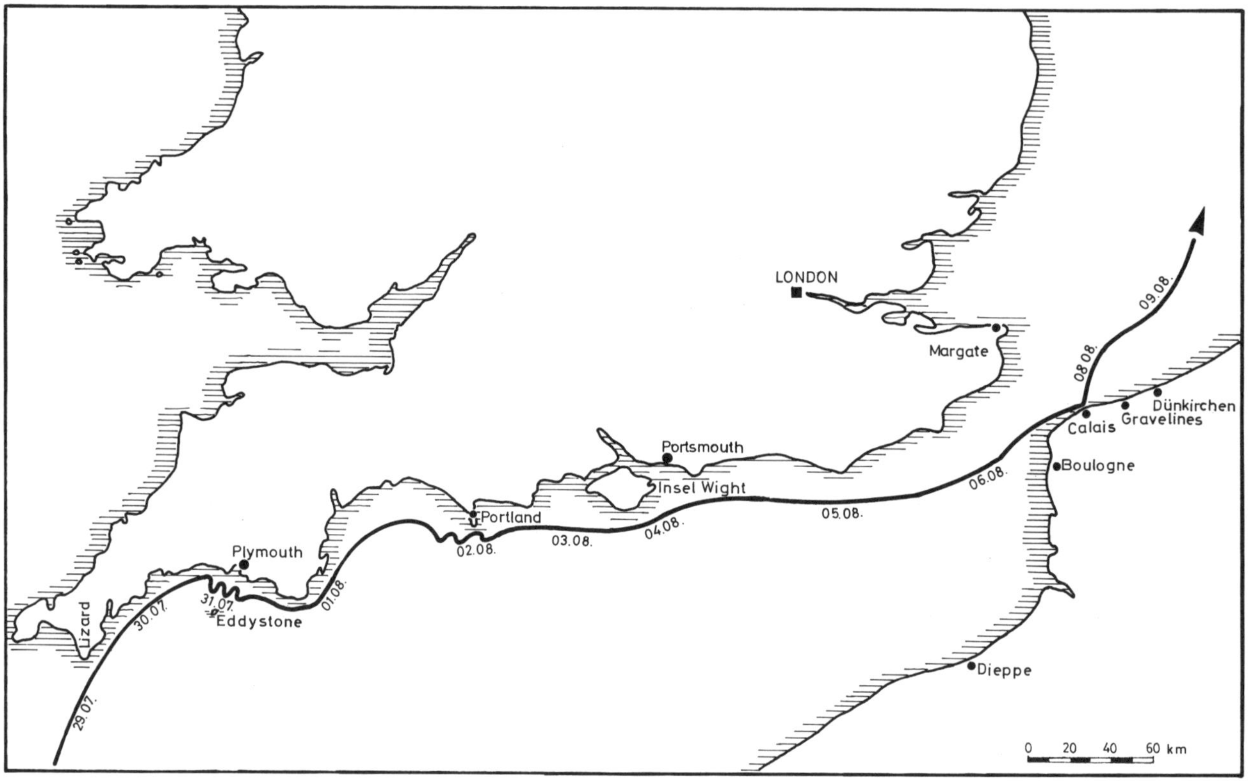

Karte 2
Der Weg der Armada durch den Englischen Kanal

noch die seemännisch unvollkommen ausgebildeten Besatzungen gewachsen. 19 Schiffe strandeten, 35 gingen aus unbekannten Gründen verloren. Am 23. September erreichten die ersten der übriggebliebenen Schiffe spanische Häfen.

Die Resultate des Landungsunternehmens waren für Philipp II. verheerend. Er verlor 26 Galeonen oder andere größere Schiffe. Dazu kamen weiterhin drei Gelassen, eine Galeere, 13 große Transportschiffe, 20 leichte Schiffe sowie rund 20000 Mann. Der Schaden wurde noch dadurch größer, daß von den Schiffen, denen die Rückkehr gelang, die meisten abgewrackt werden mußten. Demgegenüber nahmen sich die englischen Verluste bescheiden aus. Alle Schiffe kehrten in die Heimathäfen zurück, Gefallene gab es nur einige Hundert.

Strategisch gesehen, wies der Plan zur Invasion in England eine Anzahl von Schwächen auf. Völlig richtig berücksichtigte er, daß die Erringung der Seeherrschaft im Überführungsgebiet und im Gebiet der Anlandung eine wesentliche Voraussetzung zum Gelingen der Invasion war. Er beachtete aber nicht, daß der Kampf um die Erringung der Seeherrschaft so früh wie möglich begonnen werden muß. Nur ein aktives Vorgehen gegen die Seestreitkräfte des Gegners vom ersten Moment des Zusammentreffens der Flotten oder noch früher hätte Erfolg bringen können. Welche Wirkungen rechtzeitige Handlungen gegen die gegnerische Flotte haben können, zeigte der Einsatz Drakes gegen Cádiz. Unverständlich bleibt, daß die Kräfte der niederländischen Flotte überhaupt nicht beachtet wurden. Illusorisch war auch die Annahme, die Ar-

Britische Allegorie auf die Vernichtung der Armada

mada könne in Ruhe in Margate liegen, um von dort aus mit Parma in Verbindung zu treten. Die Hauptaufgabe – die Invasion – wurde den Truppen des Herzogs von Parma zugewiesen. Die Armada hatte für sie lediglich sicherstellende Aufgaben, d. h. die Sicherung der Überführung zu gewährleisten, weshalb sie nur in einem eng begrenzten Gebiet die Seeherrschaft erringen und diese behaupten sollte. Daraus resultierte, daß sie mit der Erfüllung ihrer Aufgabe erst bei der Deckung der Einschiffung zu beginnen hatte. Eine solche Konzeption setzte defensive Handlungen der englischen Flotte voraus und beachtete die Handlungen der Niederländer überhaupt nicht.

Vollkommen unterschätzt wurde die Organisation des Zusammenwirkens zwischen Heer und Flotte im Moment des Einschiffens. Weder Ort noch Zeit oder Methode ihrer Vereinigung waren klar. In der konkreten Situation mußte mit Störungen an Land von seiten der Niederländer und auf See von seiten der Engländer und Niederländer gerechnet werden. Deshalb wäre es notwendig gewesen, die Zeit des Einschiffens auf ein Minimum zu reduzieren sowie den Ort zu präzisieren und vorzubereiten. Zu einer solchen Organisation sind ständige und sicher funktionierende Nachrichtenverbindungen die Voraussetzung. Sie existierten aber ebensowenig wie konkrete Vorstellungen über die Einschiffung selbst.

In taktischer Hinsicht war die spanische Flotte ebenfalls unterlegen. Die durch sie gefahrene Dwarslinie war aufgrund der Breitseitengeschütze überholt und schränkte die Manöverfreiheit ein. Die Initiative konnte so nicht errungen werden. Es ist allerdings ungerecht, daraus allein Sidonia einen Vorwurf zu machen, denn zur Anwendung einer neuen Gefechtsformation gehört eine entsprechende Ausbildung der Besatzungen. Das wiederum erfordert einen längeren Zeitraum, also in letzter Konsequenz die Existenz einer stehenden Flotte. Sie war aber zur damaligen Zeit in Spanien ebensowenig wie in England vorhanden. Daß die Engländer mit der Kiellinie besser zurechtkamen, lag hauptsächlich an fehlenden Traditionen von gemeinsamen Handlungen auf See und an den Piratenkapitänen, die ein freieres Manövrieren gewöhnt waren.

Auf beiden Seiten zeigte sich, daß die Möglichkeiten der Artillerie nicht den Erwartungen entsprachen. Ihre Durchschlagskraft war zu gering. Weiterhin stellte sich heraus, daß der Munitionsverbrauch wesentlich höher als vermutet war.

Der weitaus größte Teil der Schiffsverluste trat nicht durch Waffen-, sondern durch Wettereinwirkung ein. Trotzdem errang ursächlich die englische Flotte den Sieg, denn sie hatte an den gegnerischen Schiffen Gefechtsschäden erzielt, die deren Standkraft wesentlich herabsetzten. Letztlich zwang die englische Flotte und nicht der Wind die Armada, den für sie ungünstigen Weg um England herum zu nehmen.

Von nun an wurde das breitseitenbestückte Segelschiff immer mehr das Hauptmittel des bewaffneten Kampfes auf See. Die daraus resultierende wesentlich kompliziertere Instandhaltung und Ausbildung der Besatzungen erzwang die Entstehung gesamtstaatlicher ständiger Flotten.

Der Ausgang des Armadaunternehmens sollte für die weltpolitische Entwicklung eine nicht zu unterschätzende Bedeutung erlangen. Der feudalen Ordnung alter Prägung war ein schwerer Schlag versetzt worden. Die Gegenreformation, an deren Spitze Philipp II. stand, kam ins Stocken. Die Vormachtstellung

Das durch den Branderangriff in der Armada entstandene Chaos wird in dieser Radierung deutlich. Ein Teil der Schiffe hat bereits die Segel gesetzt, andere sind dabei oder haben noch nicht einmal damit begonnen. Lediglich die Gelassen und Galeeren scheinen voll gefechtsbereit zu sein

Vigl
ANGLIAE
PARS
Douer
Duyn
PARS.
Nieuport

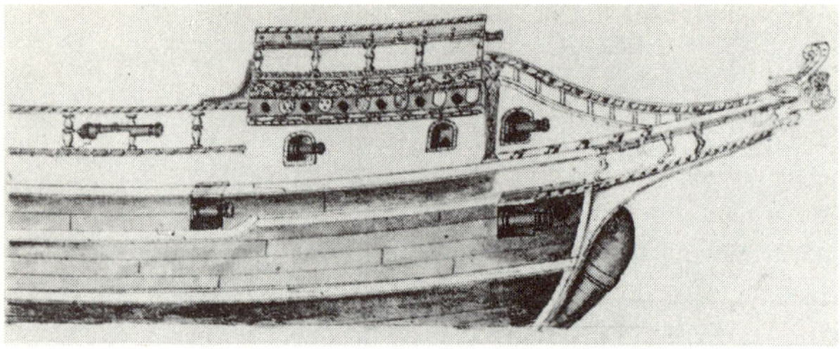

Eine detailgetreue Zeichnung des Bugs einer Galeone aus Matthew Barkers Fragment. Es handelt sich um ein venezianisches oder für Venedig entworfenes Kampfschiff. Bemerkenswert sind die abgestuften Geschützlafetten hinter der Back und der angedeutete Umriß in der Nähe der Jagdkanone auf der Back. Diese Lafettenform wird sich bis in das 19. Jahrhundert hinein bewähren

Spaniens zur See wurde, wenn auch nicht vollständig gebrochen, so doch stark eingeschränkt und seine Position in Übersee geschwächt. Die Überlegenheit zur See ging langsam auf England und die Niederlande über, woraus sich für sie günstige Bedingungen zu Kolonialeroberungen ergaben. Das stimulierte die kapitalistische Entwicklung in diesen Ländern. Die Verschiebung der politischen Machtzentren und damit der gesellschaftlichen Entwicklung in Europa wurde beschleunigt. Die Herausbildung des bürgerlichen englischen Nationalstaates ging mit Riesenschritten voran. Die Schwäche des feudalen Spaniens trat mehr und mehr auch außenpolitisch offen zutage und ließ das Land nicht nur in Europa, sondern in der ganzen Welt an Bedeutung verlieren.

Die Seeschlacht von Trafalgar

(21. Oktober 1805)

William Pitt der Jüngere bekämpfte erbittert die Große Französische Revolution und ihre Auswirkungen in England

200 Jahre nach dem mißglückten Armadaunternehmen Spaniens hatte sich die Situation in Europa und der Welt grundlegend gewandelt. England war das am weitesten entwickelte kapitalistische Land dieser Zeit. Die Große Französische Revolution von 1789 spaltete die gesellschaftlichen Kräfte im Land. Ein Teil der englischen Bevölkerung begrüßte sie begeistert, ein anderer wiederum bekämpfte sie erbittert. Die Regierung unter William Pitt dem Jüngeren (1759–1806) unterstützte offen die gestürzten französischen Adligen mit Waffen und Geld. Der Kampf der englischen Regierung gegen die französische Revolution hatte sowohl innen- als auch außenpolitische Ursachen. Ihr ging es um die Zurückdrängung der radikal-demokratischen Bewegung im eigenen Land und darum, eine Stärkung Frankreichs nach der Zerschlagung des feudalistischen Systems zu verhindern.

Die zunehmenden militärischen Erfolge der französischen republikanischen Armee, die mit der Losung »Friede den Hütten, Krieg den Palästen!« fremdes Territorium betrat, beunruhigten auch die übrigen reaktionären europäischen Regierungen außerordentlich. Zur Rettung ihrer Positionen schlossen sich 1793 Österreich, Preußen, Holland, Spanien, Sardinien, Neapel und eine Reihe deutscher Kleinstaaten unter der Führung Englands zu einer gegen das revolutionäre Frankreich gerichteten Koalition zusammen.

Der neuen revolutionären Strategie und Taktik Frankreichs war das feudale Militärsystem nicht gewachsen. Dem Sieg bei Fleurus (26. Juni 1794) folgten weitere militärische Erfolge in Norditalien (1795 bis Anfang 1796). Österreich mußte am 17. Oktober 1797 Frieden schließen. Holland und weitere Staaten folgten. Frankreich war zur stärksten Kontinentalmacht geworden. Als ernst zu nehmender Gegner blieb lediglich England übrig.

Um langgehegte Kolonialbestrebungen im östlichen Mittelmeer zu verwirklichen und um die englischen Landverbindungen nach Indien zu unterbrechen, landete Napoleon Bonaparte (1769–1821) am 1. Juli 1798 abends in Alexandria. Die Lage an Land entwickelte sich zunächst recht erfolgreich. Am 25. Juli konnte Kairo besetzt werden. Als aber die französischen Kampfschiffe durch das Geschwader Horatio Nelsons (1758–1805) in der Nacht vom 1. zum 2. August in der Bucht von Abukir zusammengeschossen wurden, mußte dieses Unternehmen abgebrochen werden. Napoleon setzte sich nach Frankreich ab. Die letzten französischen Truppen verließen im August 1801 Ägypten.

Abukir hatte nicht nur militärische, sondern auch politische Folgen. Ende 1798 Anfang 1799 entstand die zweite Koalition gegen Frankreich. Der Hauptkraft England schlossen sich Österreich, Neapel, Portugal sowie die beiden Widersacher Rußland und Türkei an. Niederlagen in Deutschland und Norditalien schufen für Frankreich eine prekäre Lage. Als A. W. Suworow (1730–1800) die französischen Truppen im Juni 1799 an der Trebbia und im August bei Novi schlug, entwikkelte sich sogar eine bedrohliche Situation. Uneinigkeit unter den Partnern führte aber dazu, daß die Erfolge nicht ausgebaut wurden und der russische Zar Paul I. (1754–1801) seine Truppen zurückrief. Nur England und Österreich kämpften weiter.

Im Oktober 1799 kehrte Napoleon nach Paris zurück. Der starke Mann, den die Bourgeoisie brauchte, um ihre Interessen nach innen und außen durchzusetzen und den die Mehrzahl der Franzosen bereit war zu akzeptieren, wurde in Napoleon gefunden. Am 18. Brumaire (9. November 1799) verhängte man in Paris den Belagerungszustand und ernannte Napoleon zum Befehlshaber der Truppen des Pariser Militärbezirks. Einen Tag später jagte er den Rat der Fünfhundert sowie den Rat der Alten auseinander und wurde erster Konsul. Die napoleonische Militärdiktatur begann.

Österreich erlitt am 14. Juni 1800 bei Marengo eine strategische Niederlage. Eine erneute Schlappe bei Hohenleiden zwang die Monarchie am 9. Februar 1801 zum Friedensschluß.

Von der zweiten Koalition blieb schließlich nur England übrig. Aber zehn Jahre Krieg hatten auch dieses Land ausgezehrt. Die Forderungen nach einem Frieden wurden immer lauter. Pitt mußte am 14. März 1801 zurücktreten, und am 25. März kam es zum Frieden von Amiens.

Frankreich nahm jetzt die beherrschende Stellung in Europa ein und war zur stärksten Macht in der Welt geworden. Diese Erfolge waren eng mit dem Namen Napoleons verbunden. Im August 1802 ließ er sich zum Konsul auf Lebzeiten und im Mai 1804 zum Kaiser der Franzosen erklären.

Die englische Bourgeoisie hatte gehofft, durch den Frieden von Amiens wieder den französischen Markt erschließen zu können, doch protektionistische Maßnahmen Napoleons verhinderten das. Beide Seiten verletzten die Vertragsbedingungen. Beispielsweise dachte England nicht daran, die strategisch wichtige Insel Malta zu räumen, während Napoleon als Gegenmaßnahme sich weiter in Holland einmischte. Frankreich forcierte seine Kolonialpolitik in Richtung Karibik, Orient sowie Indien. In Europa begann Napoleon so zu schalten und walten, als gehörte es bereits ihm. Die Aggressionsbestrebungen beider Mächte kollidierten in den verschiedensten Teilen der Welt. Die Folge davon war, daß im Mai 1803 die diplomatischen Beziehungen abgebrochen wurden. Am 16. Mai 1803 erklärte England den Krieg.

Napoleon I. im Krönungsornat

Pitt der Jüngere und Napoleon I. in einer englischen Karikatur aus dem Jahre 1803

Für Napoleon war diesmal klar: England selbst mußte fallen. »Ich aber werde den Kriegsschrecken nach London tragen« äußerte er bereits am 1. Mai 1803.

Bestimmte Erfahrungen bei der Invasionsvorbereitung wurden bereits gesammelt. Anfang 1798 standen in den Nordseehäfen 294 Schaluppen, 1307 Transportboote, 70000 Mann und 6000 Pferde zur Invasion in England bereit. Eine Inspektionsreise im Februar überzeugte Napoleon allerdings davon, daß ein solches Unternehmen nur mit einer schlagkräftigen Flotte, die im Besitz der Seeherrschaft im Überführungsgebiet war, durchgeführt werden konnte. Da Frankreich über eine solche Flotte nicht verfügte, ließ er die Invasion abbrechen.

Wohl mehr aus politischen als aus militärischen Gründen wurde die Landungsflotte 1801 wieder entkonserviert und sollte auf 2000 Fahrzeuge gebracht werden. Wie bedrohlich die Engländer diese Aktion einschätzten, zeigten die allerdings erfolglosen Angriffe Nelsons vom 2. und 18. August auf Boulogne. Zu konkreten französischen Landungsaktionen kam es in diesem Jahr nicht.

1803 sollte mit den Vorbereitungen für eine Landung endlich begonnen werden. Napoleon nahm den Bau der dazu benötigten Hochseeflotte mit aller Kraft in Angriff. 12 Linienschiffe lagen bereit und 30 auf Stapel. Im Herbst konnte mit ca. 30 und im folgenden Jahre mit 55 bis 60 gerechnet werden. Trotz aller Anstrengungen eine unbefriedigende Anzahl. Es mangelte allerdings nicht nur an Schiffen, sondern auch an ausgebildeten Besatzungen. Die Revolution hatte das königliche Offizierskorps auseinandergejagt, das republikanische hatte zuwenig Erfahrungen und war mit unfähigen Leuten durchsetzt. Dieser Umstand schlug sich natürlich auf den Ausbildungsstand der Unteroffiziere und Mannschaften nieder, der kaum als mittelmäßig bezeichnet werden konnte.

Demgegenüber befand sich England in einer wesentlich besseren Situation. Die Matrosenunruhen vom April 1797 waren zwar mehr niedergeschlagen als friedlich beigelegt worden, doch die danach humanere Behandlung der Mannschaften sowie die Gewährung größerer Selbständigkeiten für die Geschwaderchefs und Kommandanten erhöhte den Gefechtswert der Flotte bedeutend. Im Mai 1803 standen über 60 Linienschiffe zur Verfügung, bis zum Herbst sollten ca. 40 und bis 1804 weitere 90 dazukommen. Ergänzt wurden sie durch 226 Fregatten und 274 Korvetten. Der Flottenbestand gestattete es, bereits 24 Stunden nach der Kriegserklärung Brest und wenig später die anderen französischen Flottenbasen seeseitig zu blockieren.

Diese Blockade sowie die zu geringen französischen Flottenkräfte verhinderten eine sofortige Invasion in England. Zwischen Ostende und Etaples begannen die Franzosen eine rege Bautätigkeit. 1000 leichte Transporter und 300 kleine Geleitfahrzeuge sollten bis zum 24. Dezember 1803 einsatzbereit sein. Napoleon ließ es sich nicht nehmen, die Arbeiten persönlich zu kontrollieren und schraubte seine Forderungen ständig in die Höhe. Schließlich verlangte er 2155 Fahrzeuge, die 111500 Mann, 11000 Pferde, 450 Feldgeschütze, 14 Millionen Patronen sowie mehrere 100 Tonnen Lebensmittel nach England bringen sollten.

Es war klar, daß die Überführung der leichten Ein-

Admiral Cornwallis lief bereits am 17. Mai 1803, also einen Tag nach der Kriegserklärung, mit seinem Flaggschiff, der »Dreadnought«, sowie neun Linienschiffen aus und leitete die Blockade der gesamten französischen Atlantikküste

heiten ruhiges Wetter und die Ausschaltung der englischen Flotte erforderte. Letzteres konnte durch drei Maßnahmen realisiert werden. Die englische Flotte mußte entweder geschlagen, blockiert oder irregeführt werden. Das Hauptziel all dieser Varianten war die Erringung der Seeherrschaft im Englischen Kanal. Aufgrund der Kräftekonstellation blieben die beiden ersten illusorisch, während die dritte machbar schien. Unklarheit herrschte nur über die zeitliche Dauer der zu erringenden Seeherrschaft. Napoleon gab sich opti-

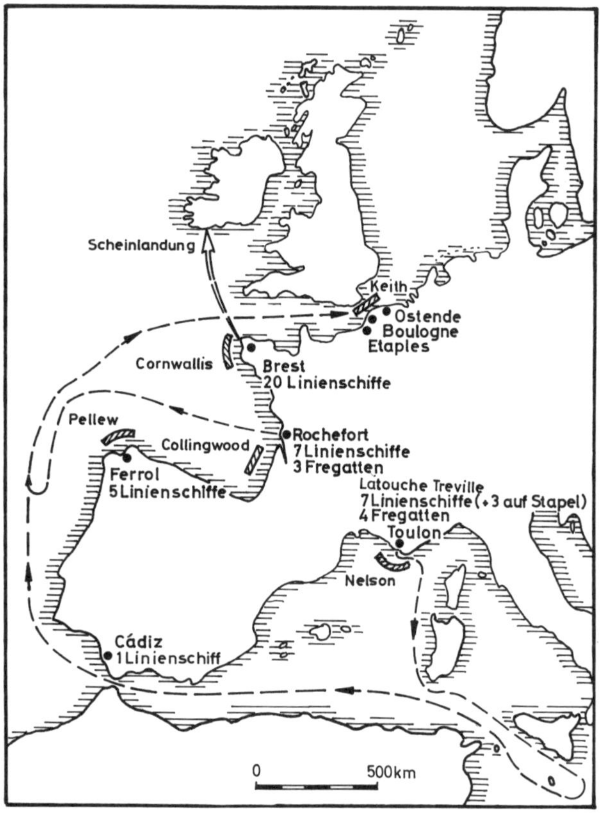

Karte 1
Plan zur Vereinigung des französischen Mittelmeer- und Atlantikgeschwaders (Sommer 1803)

mistisch, »Lassen Sie uns für 6 Stunden Herren des Kanals sein und wir sind die Herren der Welt«, schrieb er an Vizeadmiral Latouche Treville. Im Juni 1803 dagegen verlangte er schon drei Tage Nebel im Kanal, während die Forderungen seiner Admirale geringer waren oder höher lagen. Um über diese Zeit zu verfügen, gab es mehrere Möglichkeiten, von denen folgende angewendet werden sollten. Treville, Befehlshaber des Mittelmeergeschwaders, hatte Mitte Januar 1804 mit 10 Linienschiffen aus Toulon auszulaufen und Kurs auf das östliche Mittelmeer zu nehmen. Nelson, sein kräftemäßig unterlegener Bewacher, würde in der Annahme folgen, daß eine Aktion gegen Ägypten geplant sei. In einem günstigen Moment sollte Treville Nelson abschütteln, auf Gegenkurs gehen und Gibraltar passieren. Auf hoher See, vor der Iberischen Halbinsel, war die Vereinigung mit fünf Linienschiffen aus Rochefort geplant. Die vereinigte Flotte hatte Mitte Februar vor Boulogne zu stehen und die Überführung der Invasionsflotte zu decken. Um Cornwallis (1744 bis 1819) vor Brest zu binden, sollten die dort liegenden 20 Linienschiffe 20000 Mann an Bord nehmen und mit ihnen eine Landung in Irland vortäuschen. Die Ausführung dieses Planes mußte mehrmals verschoben werden. Im Februar 1804 waren erst 600, Anfang Juli nur 1200 Einheiten der Landungsflotte fertiggestellt. Kaum zu bewältigende Basierungs- und Versorgungsschwierigkeiten komplizierten die Lage zusätzlich. Darüber hinaus starb Treville am 20. August 1804. All das führte zur Aufgabe dieses Planes, aber nicht des Invasionsgedankens.

Nachfolger Trevilles wurde Vizeadmiral de Villeneuve (1763–1806), der bei Abukir die Nachhut befehligte und es aus Feigheit nicht wagte, dem stark bedrängten Zentrum zur Hilfe zu kommen. In einem günstigen Moment entkam er nach Malta. Da es ihm gelang, zwei Linienschiffe zu retten, wurde diese Flucht durch die öffentliche Meinung als Heldentat bewertet, und Villeneuve zu seiner eigenen Überraschung als befähigter Flottenführer anerkannt.

Am 27. November 1804 entwickelte Napoleon einen neuen Plan, bei dessen Ausführung das Geschwader in Brest die Hauptaufgabe zu erfüllen hatte. Seine 20 Linienschiffe sollten mit 18000 Mann den Atlantik bis in das Gebiet Neufundland überqueren, danach auf Gegenkurs gehen und die eingeschifften Soldaten innerhalb von 36 Stunden im Norden Irlands anlanden. In Abhängigkeit von den Windverhältnissen war anschließend die nördliche oder südliche Umrundung Englands und danach entweder die Überführung der Flottille von Boulogne nach England bzw. die Geleitung von sieben holländischen Linienschiffen mit 25000 Mann nach Irland vorgesehen. Die Durchführung der Operation gegen England oder Irland war für April 1805 geplant.

Irland spielte in den Plänen Napoleons deshalb eine

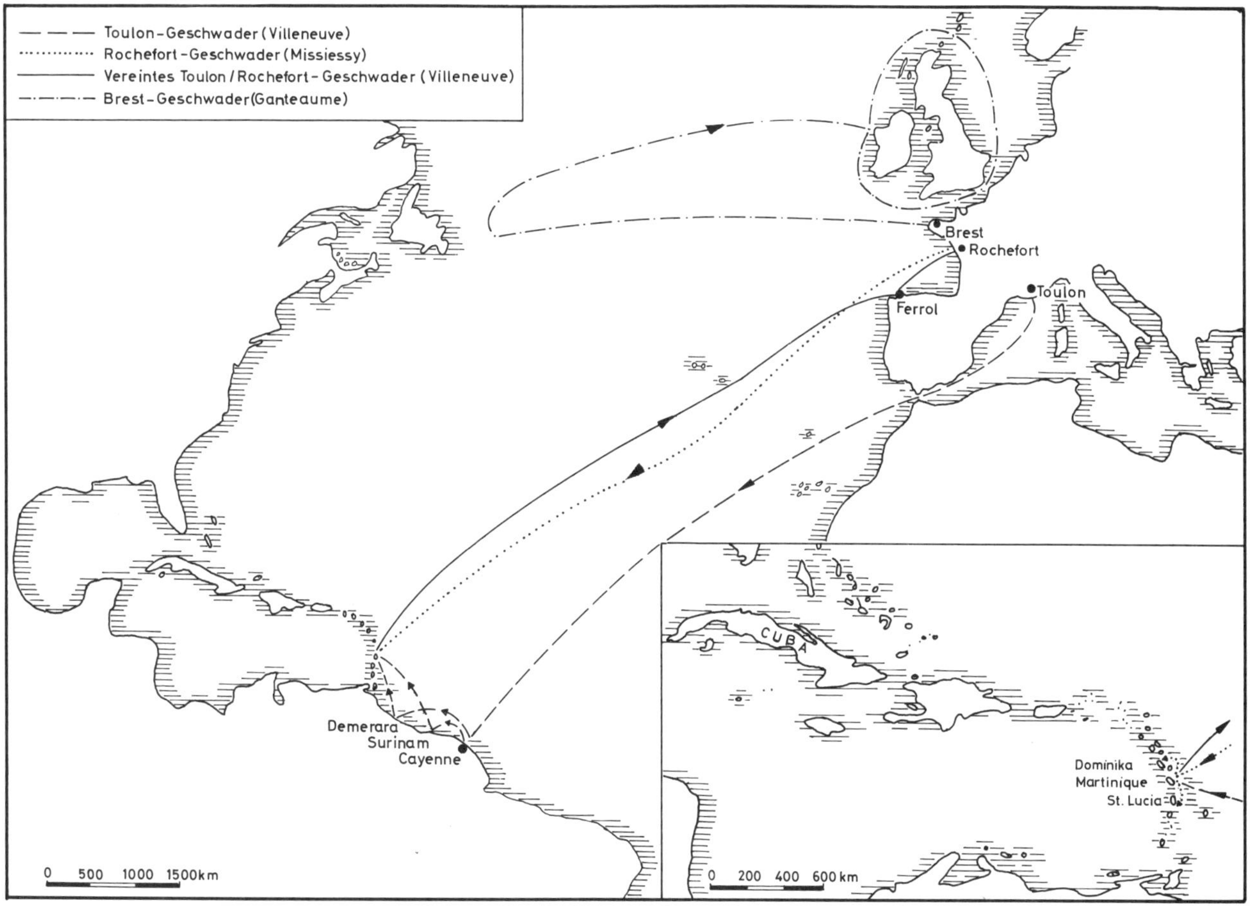

Karte 2
Plan zur Vereinigung der französischen Flotte (Dezember 1804)

so besondere Rolle, weil es von England unterdrückt und seiner staatlichen Selbständigkeit fast völlig beraubt worden war. Es gab deshalb nicht unbegründete Hoffnungen auf eine Unterstützung der Franzosen durch die irische Bevölkerung.

Zur Tarnung des Planes sollte das Toulongeschwader, das mittlerweile aus 12 Linienschiffen bestand, am 12. Oktober 1804 und das fünf Linienschiffe starke Rochefortgeschwader am 1. November nach Westindien gehen. Nach mehreren Änderungen legte Napoleon fest: das Toulongeschwader unter Villeneuve nimmt in Cayenne Verstärkung auf und greift das von den Engländern besetzte Surinam sowie Demerara an. Das Rochefortgeschwader unter Missiessy hatte von Martinique aus Dominika und St. Lucia zu verwüsten. Beide Geschwader sollten von Martinique aus die Heimreise antreten, mit ihren überlegenen Kräften Gourdon mit seinen fünf Linienschiffen in Ferrol befreien und Rochefort anlaufen. Das Brestgeschwader unter Ganteaume hatte mit der Aufgabenerfüllung am 22. Dezember zu beginnen.

Das war ein komplizierter Plan. Er setzte voraus, daß alle Geschwader die Blockade durchbrechen können, die englische Flotte die Verfolgung aufnimmt und

Villeneuve beklagte sich in einem in Vigo geschriebenen Brief an Admiral Deoris bitter über die mangelhaften Segeleigenschaften der spanischen Schiffe, über schlechtes Material, schlechte Offiziere, schlechte Matrosen und seinen schlechten Gesundheitszustand. Die von ihm geführte Flotte bezeichnete er als das Gespött Europas

keine wesentlichen Störungen auftreten. Nur unter diesen Bedingungen wäre es möglich gewesen, zumindest zeitweilig die Seeherrschaft im Englischen Kanal zu erringen.

Endlich, am 11. Januar 1805, lief Missiessy mit fünf Linienschiffen und fünf Fregatten aus Rochefort aus. Am 20. Februar erreichte er Martinique. Der Feldzug war eröffnet.

Villeneuve lief am 18. Januar mit 11 Linienschiffen, sieben Fregatten und zwei Briggs aus, wurde bereits am 19. Januar von Nelsons Fregatten »Active« und »Seahorse« gesichtet, geriet am 20. Januar in einen Sturm und lief am 21. wieder ein. Ein Linienschiff und drei Fregatten verloren bereits bei dieser kurzen Aktion den Kontakt zu ihrem Geschwader, konnten aber später wieder aufschließen.

Napoleons Plan war gescheitert. Alle Aktionen in Amerika und Irland wurden aufgegeben.

In der Zwischenzeit ergab sich in Europa eine neue politische und militärische Situation. Spanien hatte nicht ganz freiwillig 1796 mit Frankreich ein Defensiv- und Offensivbündnis abgeschlossen. Im Oktober 1803 wurde ein neuer Vertrag unterzeichnet, nach dem zwar Spanien und Portugal neutral blieben, monatlich aber etliche Millionen an Frankreich zu zahlen hatten. Dafür übernahmen die Spanier den Verkauf der durch die Franzosen aufgebrachten Prisen. Englisch-spanische Verhandlungen über dieses Problem zogen sich ergebnislos über das Jahr 1804 hin. Am 5. Oktober 1804 beschlagnahmte der englische Kapitän Moore auf der Reede von Cádiz ohne Kriegserklärung vier spanische Galeonen, die zwölf Millionen Piaster an Bord hatten. Daraufhin erklärte Spanien im Dezember 1804 England den Krieg und schloß im Januar 1805 einen Bündnisvertrag mit Frankreich. Das verschaffte Napoleon neue Möglichkeiten, da sich Spanien verpflichtete, ab 21. März 25 Linienschiffe und 11 Fregatten bereitzuhalten. Ein neuer Plan wurde geboren.

Diesmal kam die Irlandvariante nicht mehr in Betracht. Am 2. März 1805 ergingen die entsprechenden Befehle. Ganteaume sollte unentdeckt mit 21 Linienschiffen, sechs Fregatten und zwei Fleuten von Brest nach Ferrol laufen, das vor diesen Hafen liegende sieben bis acht Linienschiffe starke Geschwader zerschlagen, sich mit den in Ferrol liegenden fünf französischen und acht spanischen Linienschiffen vereinigen und sofort nach Martinique versegeln.

Villeneuve wurde befohlen, seine 11 Linienschiffe, sechs Fregatten und zwei Briggs nach Cádiz zu überführen, die dort befindlichen französischen und spanischen Schiffe in sein Geschwader aufzunehmen und danach ebenfalls nach Martinique zu laufen. Dort hatte er 40 Tage auf Ganteaume zu warten. Kam nach

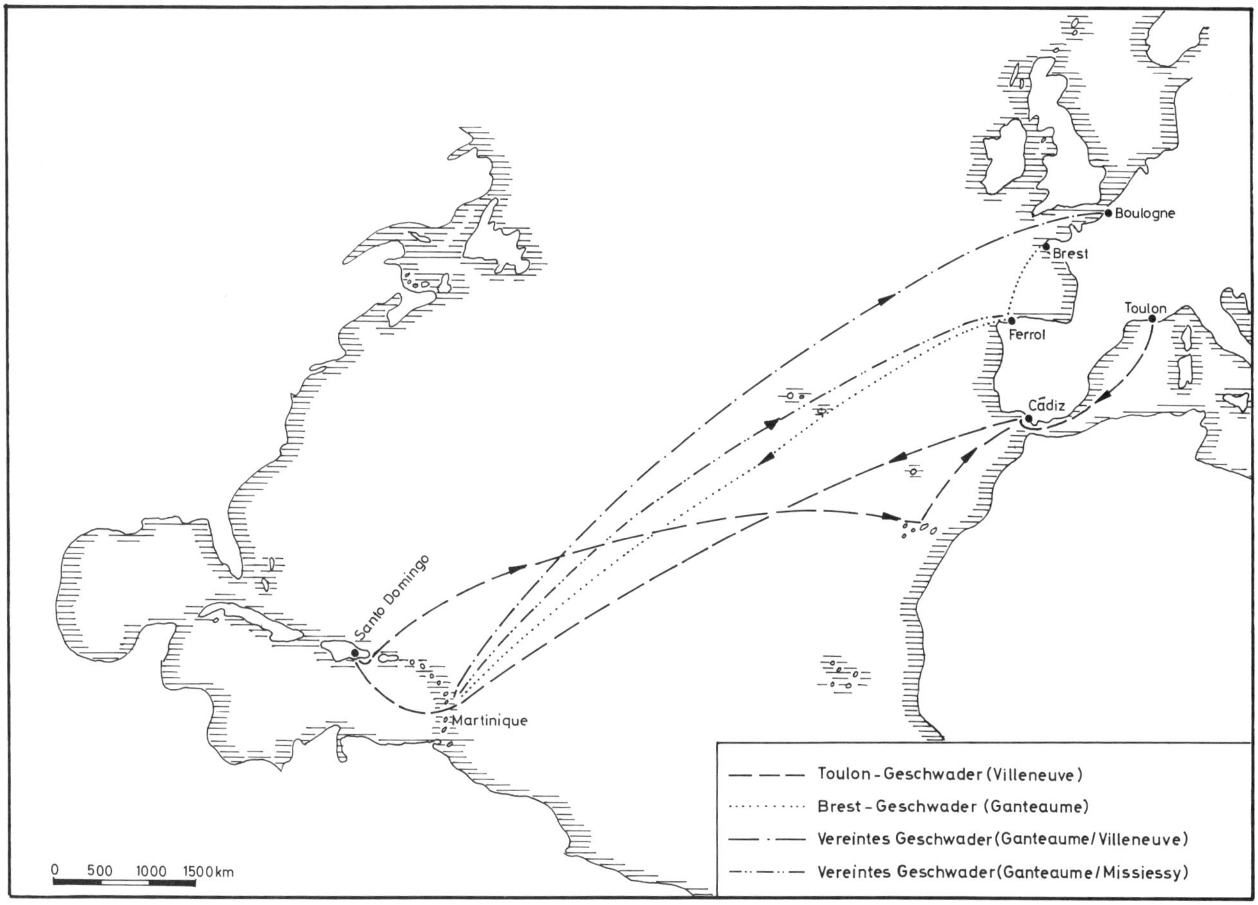

Karte 3
Plan zur Vereinigung der französischen Flotte (März 1805)

dieser Zeit keine Vereinigung zustande, waren 1300 Mann in Santo Domingo anzulanden, mit den Schiffen nach den Kanarischen Inseln zu versegeln, um dort nochmals 20 Tage auf das Brestgeschwader zu warten. Glückte auch diese Vereinigung nicht, sollte nach Cádiz zurückgelaufen werden.

Gelang die Vereinigung bei den Antillen, sollte die gesamte Flotte, diesmal unter dem Befehl von Ganteaume, nach Europa zurücksegeln und zwischen dem 10. Juni und 10. Juli in Boulogne einlaufen. Schlug diese Variante fehl, so sollte er mit den Schiffen Missiessys, der sich noch bei den Antillen befand, nach Ferrol ablaufen. Missiessy hatte aber nur die Nachricht erhalten, daß der zweite Plan annulliert war und lief bereits in Richtung Europa. Zudem scheiterte auch der Versuch Ganteaumes, Brest zu verlassen. Hauptursache war das strikte Verbot Napoleons, beim Auslaufen den Kampf aufzunehmen. Schließlich wurde am 8. Mai vom Kaiser das Inseegehen des Brestgeschwaders nach dem 21. Mai 1805 völlig untersagt.

Villeneuve hingegen lief am 30. März aus. Es gelang ihm, die englischen Vorpostenschiffe über seine wahren Absichten zu täuschen und am 9. April Gibraltar zu passieren. Zur Vereinigung mit dem Cádizgeschwader kam es am gleichen Tage, wenn auch mit Schwierigkeiten. Natürlich blieben diese Bewegungen nicht unentdeckt. Admiral Orde nahm die Verfolgung auf und informierte alle Blockadeflotten.

Nelson begriff am 10. April, um was es ging. Widrige Winde hielten ihn auf. Erst am 9. Mai passierte er Gibraltar. Fünf Tage später ankerte Villeneuve bereits vor Martinique.

Aufgrund der veränderten Lage faßte Napoleon einen neuen, den vierten Plan. Zwei Linienschiffe liefen zur Vereinigung mit Villeneuve ab. Sie sollten gemeinsam 30 Tage auf eine Nachricht von Ganteaume warten. Traf in dieser Zeit keine ein, war vorgesehen, daß sie unter Villeneuves Befehl nach Ferrol segelten, die dort liegenden 15 Linienschiffe aus der Blockade befreiten, danach die Blockade von Brest aufbrachen und mit den dort liegenden Einheiten in Richtung Boulogne segelten. Um die 30 Tage in den Antillen nicht nutzlos verstreichen zu lassen, sollte Villeneuve noch St. Lucia und einige andere Inseln erobern.

Nelson traf am 4. Juni vor Barbados ein. Weder er noch Villeneuve hatten genaue Kenntnis über die Position und die Stärke ihres Gegners. Nelson suchte ihn in den südlichen Antillen, während Villeneuve immer mehr nach Norden segelte und sich am 9. Juni entschloß, nach Europa zurückzukehren. Ein richtiger Entschluß, denn er mußte davon ausgehen, daß Nelson ihn noch eine gewisse Zeit in den Antillen suchen würde. Als Nelsons Mühe vergeblich blieb, kehrte er am 13. Juni ebenfalls nach Europa zurück. Eine von ihm detachierte Brigg alarmierte die britische Admiralität. Bereits am 16. Juli war 100 sm westlich von Kap Finisterre ein Geschwader von 15 Linienschiffen konzentriert. Am 22. Juli lief Villeneuve mit seinen 20 Einheiten in diese Sperre. Aber er hatte Glück, denn Nebel verhinderte eine Schlacht. Es kam nur zu einem Schußwechsel, der allerdings den Engländern genügte, um zwei spanische Linienschiffe als Prisen zu nehmen. Am 27. Juli erreichte der französische Admiral die rettende Bucht von Vigo, welche er am 31. wieder verließ, um am 2. August in der Bucht von Coruña die Anker zu werfen.

Jetzt begann die Zeit gegen Napoleon zu arbeiten. Seine Landungsflotte war endlich fertig. 2343 Fahrzeuge, 167 590 Mann und 9149 Pferde standen bereit, aber eine dritte Koalition gegen Frankreich nahm bedrohliche Konturen an. Diesmal würden ihm England, Rußland, Österreich und Preußen gegenüberstehen. Eile war geboten. Alles hing von Villeneuve ab.

Endlich, am 13. August, lief er mit Westkurs aus. Im Norden wurden unbekannte Fahrzeuge ausgemacht, die aber wieder außer Sicht kamen. Dieser Vorgang wiederholte sich mehrmals. Villeneuve bekam es mit der Angst zu tun. Am 15. August gegen Abend war für ihn das Maß voll. Er wendete nach Süden und lief am 20. August in Cádiz ein. Damit war eine französische Seeherrschaft im Englischen Kanal unmöglich geworden und 18 Monate waren vertan. Napoleons maritime »Sandkastenspiele« hatten ihr Ende gefunden.

Alle Versuche, die englische Flotte von der westeuropäischen Küste wegzulocken und mit der eigenen eher als diese im Englischen Kanal zu stehen, waren gescheitert.

Dafür gab es eine Reihe von Gründen. Die französische Flotte, nicht nur zahlenmäßig schwächer als die englische, hatte auch einen wesentlich geringeren Ausbildungsstand. Hinzu kamen noch Materialschwierigkeiten. Auch die Aufstockung durch die spanischen Einheiten diente selbst nach Napoleons Einschätzung eher dazu »die französischen Linien zu schwächen, denn zu stärken«.

Napoleon, unbestreitbar ein hervorragender Heerführer, war nicht in der Lage, seine Flotte zweckmäßig einzusetzen geschweige denn zu führen. Mit maritimen Problemen kaum vertraut, versuchte er sie aus der Defensive herauszuführen. Da seine Pläne dazu jedoch mehr der Verschiebung von Armeen an Land als maritimen Operationen glichen, waren sie nur schwer zu verwirklichen. Andererseits verfügte er aber auch über keinen Flottenführer, der ihn ergänzen oder zumindest seine Pläne mit Leben erfüllen konnte.

Unter der damaligen konkreten Situation war es notwendig, den Gegner von der See zu vertreiben. Das konnte nur durch eine siegreiche Seeschlacht oder

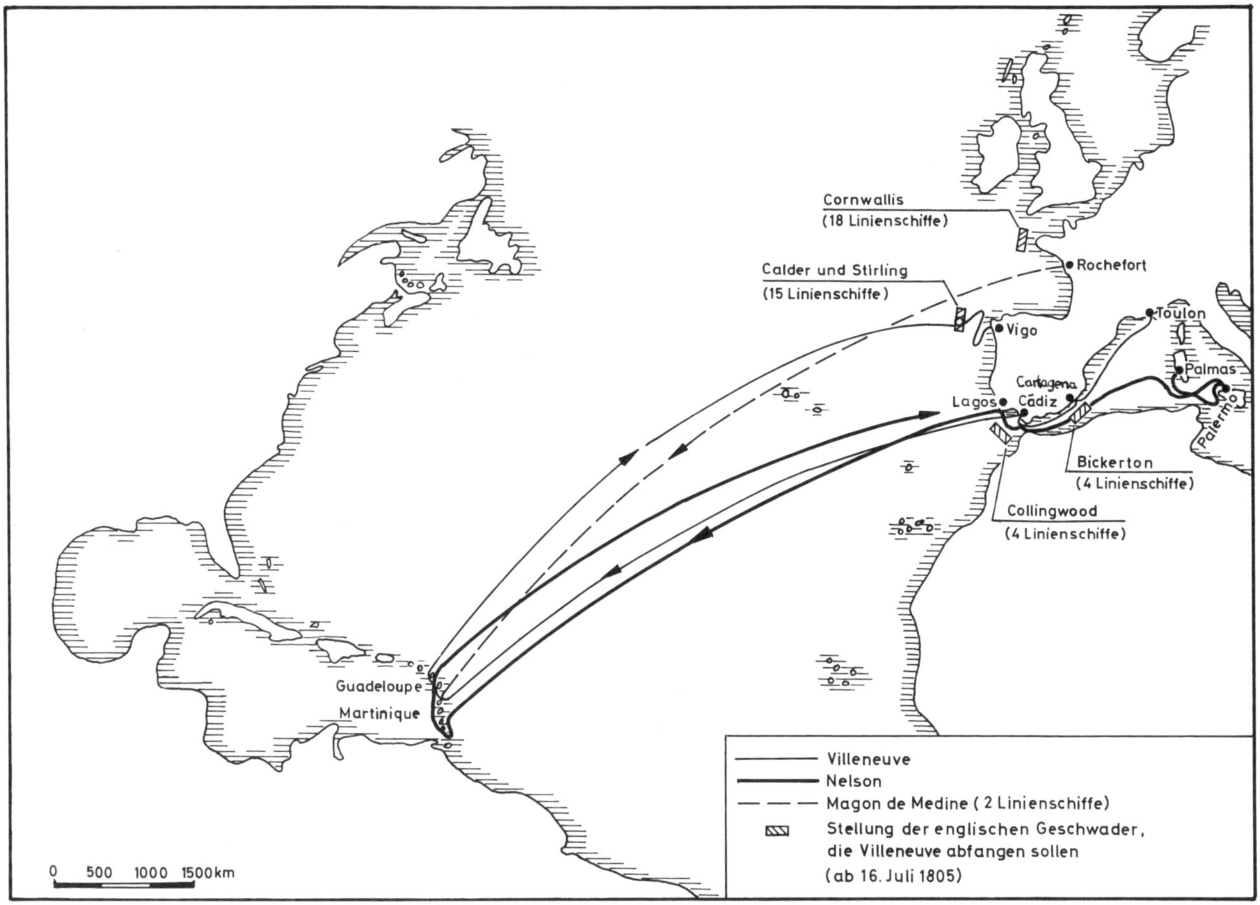

Karte 4
Die Handlungen Villeneuves und Nelsons vom 30. März bis 27. Juli 1805

durch eine Blockade geschehen. Zu einer Blockade war die französische Flotte aus einer Vielzahl von Gründen nicht in der Lage. Eine Seeschlacht sollte nach Napoleons Willen möglichst vermieden werden und, wenn das möglich war, dann nur im Gebiet des Englischen Kanals stattfinden, um in deren Schutz den Kanal überqueren zu können. Damit stellte er seiner Flotte ein nicht unbegründetes Mißtrauensvotum aus.

Die englische Seite hingegen ergriff sofort die Initiative. Ab Juni 1803 blockierten englische Schiffe die französischen Flottenstützpunkte. Dadurch hielten sie sich lange Zeit in See auf, was die Ausbildung der Besatzungen förderte. Die Offiziere und Admirale kannten und verstanden ihre Aufgabe, sie handelten initiativreich. Trotz aller französischen Finten und der sich oftmals daraus ergebenden unklaren Lage, ließen sie sich nie dazu verleiten, den Schutz des Mutterlandes zu vernachlässigen. Die britische Admiralität betrachtete den Englischen Kanal als strategischen Schwerpunkt, den sie bereits auf den fernen Zugängen deckte.

So gesehen, war die von Napoleon geplante Vereinigung der französischen Flotte, in deren Folge letztlich England besiegt werden sollte, ein äußerst kompliziertes und wahrlich kaum realisierbares Unternehmen.

Napoleon disponierte erneut um. Am 25. August diktierte er innerhalb weniger Stunden seinen Feldzugsplan gegen Österreich. Am gleichen Tage begannen die zu seiner Realisierung notwendigen Truppenbewegungen, und zwei Tage später wurde das Lager von Boulogne aufgegeben. Damit bestand die unmittelbare Gefahr einer Invasion für England nicht mehr. Eine Vereinigung der französischen Flotte war überflüssig. Teile von ihr wurden jetzt im Mittelmeer gebraucht. Durch Angriffe auf Neapel sollte sie den Kampf gegen die Österreicher unterstützen. Zur Erfüllung dieser Aufgabe kam nur Villeneuves Geschwader in Frage. Für Napoleon aber war Villeneuve nicht nur ein Versager und Feigling, sondern sogar ein Schurke und Verräter. Am 15. September setzte er den Vizeadmiral Rosily-Meros als seinen Nachfolger ein.

Villeneuve, der von alledem nichts wußte, vermutlich aber ahnte, hatte indessen in Cádiz mit beträchtlichen Schwierigkeiten zu kämpfen. Die Arsenale der Flottenbasis waren leer, Geld nicht vorhanden, und die Spannungen zwischen den Spaniern und Franzosen wuchsen. Dazu trug die englische Blockadeflotte nicht unbeträchtlich bei. Am 20. August aus nur vier Linienschiffen bestehend, waren es zwei Tage später 11 und am 30. August schon 29 Einheiten.

Am 14. September lief Nelson mit seinem Flaggschiff, der »Victory«, und einer Fregatte aus Spithead aus. Zwei weitere Linienschiffe schlossen auf hoher See auf. Am 28. erreichte er das Belagerungsgeschwader vor Cádiz und übernahm den Oberbefehl. Die »Royal Sovereign«, Collingwoods Flaggschiff, traf am 9. Oktober ein. Inzwischen erfuhr Villeneuve von seiner bevorstehenden Ablösung. Seine Devise mag gewesen sein: Lieber einen ehrenvollen Tod als ein schmachvolles Leben. Er mußte auslaufen, zumal Ostwind wehte und damit eine plausible Ausrede entfiel. Am 19. Oktober 09.30 Uhr machte die englische Fregatte »Sirius« die ersten auslaufenden Fahrzeuge aus. Wenig später hatte Nelson davon Kenntnis. Am nächsten Tag gegen 11.30 Uhr befand sich Villeneuve mit seinem gesamten Geschwader auf See.

Zum Geschwader gehörten 18 französische und 15

Lord Horatio Nelson, klein von Statur, ehrgeiziger und befähigter Flottenführer, genoß das volle Vertrauen seiner Unterstellten. Seine Prunksucht wurde ihm zum Verhängnis, denn eine solche ordensgeschmückte Brust war auch im dichtesten Kampfgetümmel nicht zu übersehen

spanische Linienschiffe sowie drei Fregatten und zwei kleinere Fahrzeuge. Darunter befanden sich ein 130-Kanonen-, drei 100- bis 112-Kanonen-, fünf 80-Kanonen-, zwölf 74-Kanonen- und ein 64-Kanonen-Schiff.

Nelson hatte 27 Linienschiffe, vier Fregatten und zwei kleinere Fahrzeuge zur Verfügung. Darunter waren sieben 98- bis 100-Kanonen-, ein 80-Kanonen- und sechzehn 74-Kanonen-Schiffe.

Als das zweckmäßigste große Kampfschiff dieser Zeit erwies sich das 74-Kanonen-Linienschiff, ein

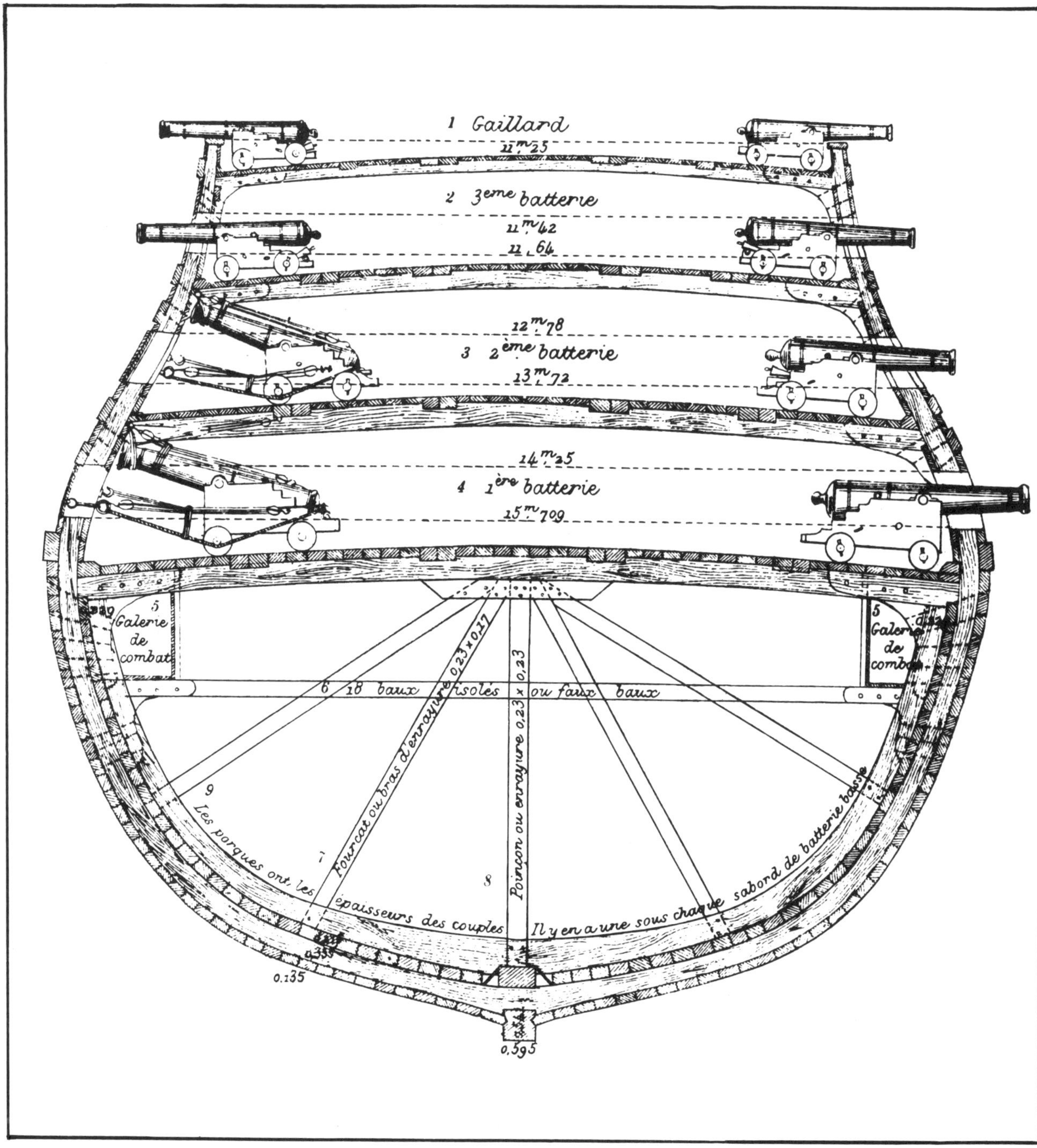

Querschnitt durch ein Dreidecklinienschiff

Eine von Heck oder Bug in ein Segelschiff geschossene Breitseite, das sogenannte Enfilierfeuer, traf auf keine Querschotten und fegte das Batteriedeck regelrecht leer. 30 bis 40 Prozent der Geschützbedienungen fielen dabei aus. Hier ein Blick in das untere Batteriedeck der »Victory«

Rechte Seite:
Vizeadmiral Guthbert Collingwood übernahm als Vertrauter Nelsons nach dessen Tod das Kommando

Zweidecker, der kostengünstig gebaut werden konnte, angemessen schnell segelte und über eine genügende Feuerkraft verfügte. Die Wasserverdrängung bewegte sich zwischen 1700 t und 1900 t und die Länge zwischen 50 und 55 m. An drei Masten konnten bis zu 37 Segel gesetzt werden. Ihre Bedeutung für den Kampf auf See läßt sich u.a. daran ablesen, daß die englische Flotte im Jahre 1805 175 Linienschiffe in Dienst hielt, wovon allein die 74-Kanonen-Schiffe 147 Einheiten stellten. Bei Trafalgar gehörten fast 50 Prozent dieser Klasse an. Die normale Artilleriebewaffnung bestand aus achtundzwanzig 32-Pfündern im unteren und dreißig 24-Pfündern im oberen Batteriedeck. Sechzehn 9-Pfünder standen auf dem Oberdeck und der Back. Die Reichweite der 32- und 24-Pfünder lag zwischen 1800 und 2300 m. In der Praxis begann das Schießen aber erst auf einer Entfernung von 500 bis 600 m. Die Besatzung setzte sich aus 600 bis 700 Mann zusammen.

Das größte Schiff, das in der sich abzeichnenden Seeschlacht zum Einsatz kam, war die spanische »Santissima Trinidad« mit vier Batteriedecks, 130 Kanonen und einer Länge von ca. 60 m. Ihre Besatzungsstärke betrug rund 1100 Mann. Das Flaggschiff Villeneuves, die »Bucentaure«, verfügte über 80 Kanonen.

Als allgemeingültige Taktik galt die Linientaktik, wobei alle Schiffe eines Geschwaders in Kiellinie zu segeln hatten. Die zunehmende Anzahl von Schiffen in der Linie machte sie im Verlaufe der Entwicklung mehr und mehr unhandlich, denn sie wurde einerseits immer verwundbarer, und andererseits konnte eine

gegenseitige Unterstützung kaum noch gewährt werden. Das hatten die Engländer bereits in der Seeschlacht von Minorca (18. Mai 1756) erkannt, in der sie versuchten, die Franzosen aus der Dwarslinie heraus anzugreifen. Der Erfolg blieb bescheiden.

Wesentlich größer war er schon in der Seeschlacht von St. Vincent (14. Februar 1797), in der die englische Kiellinie voll in die spanische lief, den Gegner aufspaltete und seine Nachhut zerschlug. In dieser Schlacht befehligte Nelson die englische Nachhut.

Aber all das konnten nur erste Versuche bleiben. Es mußte noch viel theoretische Vorarbeit geleistet werden, und es fehlte ein schlagender praktischer Beweis für die notwendige Abkehr von der starren Linienschiffstaktik. Ihn sollte Trafalgar bringen.

Nelson hatte vor dem unausweichlichen Zusammentreffen beider Flotten die mögliche Lageentwicklung genau analysiert und sie in einem Memorandum zu Papier gebracht. Es trägt das Datum vom 9. Oktober 1805 und wurde am folgenden Tage allen Admiralen und Kommandanten bekanntgegeben. In ihm sind genaue Dispositionen für die möglichen Varianten des Beginns und Verlaufs der Schlacht niedergelegt. Nelson ging ganz richtig davon aus, daß sein Gegner in einer langgezogenen Kiellinie laufen würde. Der Angriff auf sie sollte mit drei im 90 Gradwinkel anlaufenden Kiellinien durchgeführt werden. Dabei bestand das Ziel darin, die gegnerische Gefechtsformation so aufzuspalten, daß sich ihre einzelnen Teile nicht oder erst relativ spät unterstützen konnten. Nelson wollte durch dieses Manöver eine Situation schaffen, die es gestattete, an ausgewählten Orten eine Kräfteüberlegenheit herzustellen und gleichzeitig den Gegner an einem Zusammenwirken zu hindern. Den Kampf mit dem gegnerischen Flaggschiff behielt er sich selbst vor. Das Memorandum zeugte von Angriffsgeist und Siegesgewißheit. Trotz der vorgesehenen Varianten ließ es Nelsons Stellvertreter Collingwood und jedem einzelnen Kommandanten so viel Freiheit, daß entsprechend der sich entwickelnden Lage selbständige Entschlüsse gefaßt werden konnten. Das zeugte vom Vertrauen des Oberbefehlshabers zu seinen Unterstellten. Dieses Vertrauen war auch berechtigt, da Admirale, Offiziere und Mannschaften durch monatelange Blockadehandlungen in See gut ausgebildet waren. Die Kommandeure kannten und teilten die Ideen ihres Oberbefehlshabers, sie konnten sie deshalb auch umsetzen. Mehrere gemeinsame Beratungen führten zu diesem Resultat.

Villeneuve hingegen hatte aus gutem Grund weder zu seinen Unterstellten noch zu sich selbst Vertrauen. Er erahnte die Taktik Nelsons, wußte aber wegen des schlechten Ausbildungsstandes der Besatzungen kein Mittel dagegen.

Am Mittag des 20. Oktober schloß das französisch-spanische Geschwader die Formierung zur Kiellinie ab und hielt Kurs auf Gibraltar. Um das gegnerische Ge-

Takelplan einer Fregatte aus der Trafalgarzeit

Segel des Kreuzmastes
A Besan
B Kreuzmarssegel
C Kreuzbramsegel
D Kreuzoberbramsegel

Segel des Großmastes
E Großgaffelsegel
F Großsegel
G Großmarssegel
H Großbramsegel
I Großoberbramsegel
K Großmarsleesegel
L Großbramleesegel

Segel des Fockmastes
M Vorgaffelsegel
N Fock
O Vormarssegel
P Vorbramsegel
Q Voroberbramsegel
R Vormarsleesegel
S Vorbramleesegel

Segel des Bugspriets
T Vorstengenstagsegel
U Klüver
V Außenklüver

Tauwerk der Segel des Kreuzmastes
1 Besanschoten
2 Besanhals
3 Nockdempgordinge, Nockgordinge der Besan
4 Mitteldempgordinge, Mittelgordinge der Besan
5 Halsdempgordinge, Halsgordinge der Besan, Besanbrook
6 Schotdempgordinge, Fußgordinge der Besan
7 Kreuzmarsschoten
8 Kreuzbramschoten
9 Kreuzoberbramschoten
10 Kreuzmarsgeitaue
11 Kreuzbramgeitaue
12 Kreuzoberbramgeitaue
13 Kreuzmarsreeftaljen
14 Kreuzmarsbulienen mit Schenkel
15 Kreuzbrambulienen mit Schenkel

Tauwerk der Segel des Großmastes
16 Schote des Großgaffelsegels
17 Hals des Großgaffelsegels
18 Nockdempgordinge, Nockgordinge des Großgaffelsegels
19 Halsdempgordinge, Halsgordinge des Großgaffelsegels mit Seitentakel
20 Schotdempgordinge, Fußgordinge des Großgaffelsegels
21 Großschoten
22 Großhalsen
23 Großmarsschoten
24 Großbramschoten
25 Großoberbramschoten
26 Großgeitaue
27 Großmarsgeitaue
28 Großbramgeitaue
29 Großoberbramgeitaue
30 Großreeftaljen
31 Großmarsreeftaljen
32 Bulienenspriet, Bulienenschenkel des Großsegels
33 Großmarsbulienen
34 Großbrambulienen
35 Großmarsleesegel
36 Doppelschote des Großmarsleesegels
37 Großmarsleesegelhals
38 Bekaier, Niederholer des Großmarsleesegels
39 Großbramleesegelfall
40 Großbramleesegelschote
41 Großbramleesegelhals

Tauwerk der Segel des Fockmastes
42 Vorgaffelsegelschote
43 Vorgaffelsegelhals
44 Nockdempgordinge, Nockgordinge des Vorgaffelsegels
45 Halsdempgordinge, Halsgordinge des Vorgaffelsegels mit Seitentakel
46 Schotdempgordinge, Fußgordinge des Vorgaffelsegels
47 Fockschoten
48 Fockhalsen
49 Vormarsschoten
50 Vorbramschoten
51 Voroberbramschoten
52 Fockgeitaue
53 Vormarsgeitaue

Langsam nähern sich die gegnerischen Flotten an. Um die Geschwindigkeit zu erhöhen, ließ Nelson sogar die Leesegel setzen, ein bis dahin einmaliger Vorgang in der Seekriegsgeschichte. Die Stückpforten sind geöffnet und die Schiffe voll gefechtsbereit

54 Vorbramgeitaue
55 Voroberbramgeitaue
56 Fockreeftaljen
57 Vormarsreeftaljen
58 Fockbulienen
59 Vormarsbulienen
60 Vorbrambulienen
61 Vormarsleesegelfall
62 Vorbramleesegelfall
63 Doppelschote des Vormarsleesegels
64 Vorbramleesegelschote
65 Vormarsleesegelhals
66 Vorbramleesegelhals
67 Bekaier, Niederholer des Vormarsleesegels

Tauwerk der Segel des Bugspriets

68 Vorstengenstagssegelschoten mit Schenkel
69 Klüverschoten mit Schenkel
70 Außenklüverdoppelschoten
71 Vorstengenstagssegelfall
72 Klüverfall
73 Außenklüverfall
74 Vorstengenstagssegelniederholer
75 Klüverniederholer
76 Außenklüverniederholer
77 Vorstengenstagssegelhals
78 Klüverhals
79 Außenklüverhals

Sonstige zu den Segeln gehörige Gegenstände

80 Reefe
81 Reefleinen
82 Reefzeisinge
83 Reefnockbändsel
84 Lägel der Gaffelsegel
85 Lägel des Vorstengenstagssegels und der Klüver

Rahen der Leesegel

86 Großmarsleesegelrah
87 Großbramleesegelrah
88 Vormarsleesegelrah
89 Vorbramleesegelrah

schwader soweit wie möglich von Cádiz wegzulocken, zog sich Nelson zurück. Die Schlacht mußte endlich geschlagen werden.

Da die Angaben der Schiffstagebücher zu unterschiedlich sind, ist die nun beginnende Seeschlacht nicht mehr bis in das letzte taktische Detail rekonstruierbar. Klar ist aber, daß am Morgen des 21. Oktober eine schwache Brise aus WNW wehte. Villeneuve befand sich ca. 15 sm westlich von Kap Trafalgar und steuerte einen SW-Kurs. Um 06.00 Uhr kamen die Gegner in einer Entfernung von 10–12 sm in Sichtweite. Nelson formierte in doppelte Kiellinie um, für drei hätten die Kräfte nicht gereicht, und lief NNO. Die Luvko-

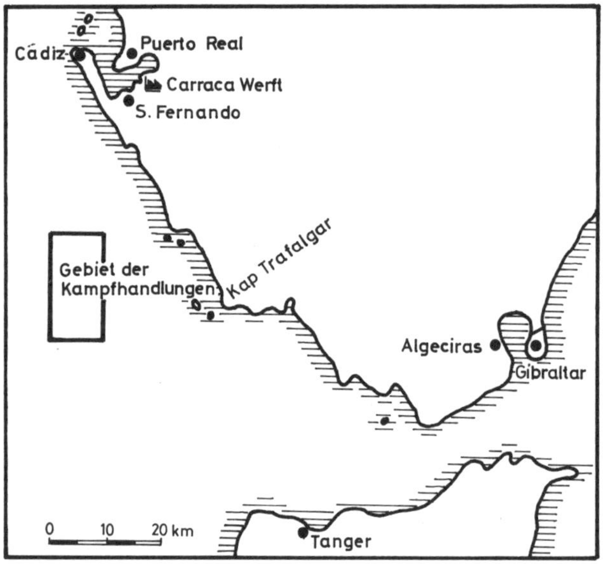

Karte 5
Gebiet der Seeschlacht von Trafalgar

lonne führte er selbst, die Leekolonne Collingwood. Villeneuve begriff, daß sein Gegner zum einen auf seine Nachhut zuhielt und zum anderen ihn von Cádiz abschneiden wollte. Als Gegenmaßnahme beschloß er zu halsen. Die überlieferten Zeiten des Beginns dieses Manövers schwanken um drei Stunden, sicher aber ist, daß zu seiner Ausführung drei Stunden benötigt wurden. In dieser Zeit befahl Nelson, ONO zu halten. Villeneuve ging auf NNO. Eine geschlossene Kiellinie bekam er nicht mehr zustande. Sie stellte eine gekrümmte und zerrissene Kurve dar, deren konkave Seite zum Gegner zeigte.

2626 Kanonen auf den französischen und spanischen Schiffen sowie 2148 auf den englischen näherten sich unter der leichten Brise mit einer Geschwindigkeit von ca. 2 kn an. Die zahlenmäßige Unterlegenheit konnten die englischen Kanoniere aber mehr als wettmachen, da sie zwei- bis dreimal schneller schossen.

Die Zeit verging, und Nelson fand sogar noch die Muße, einen Zusatz zu seinem Testament zu schreiben. Für Villeneuve hingegen stellte sich die Situation völlig anders dar. Die sich wahrscheinlich entwickelnde Lage konnte er nicht genau bestimmen. Collingwood hatte gegen 11.00 Uhr eine Staffel Steuerbord gebildet und lief auf die Spitze der jetzigen Nachhut zu. Seine Absichten waren klar erkennbar. Aber was beabsichtigte Nelson? Er lief immer noch in Richtung Führerschiff der gegenwärtigen Vorhut. Fiel er aber nach Steuerbord ab, konnte er die Vorhut vom Zentrum trennen. Villeneuve wußte nicht, daß sein Gegner bereits am 9. Oktober festgelegt hatte, daß er das Führerschiff und Collingwood das zwölfte Schiff von hinten als Orientierungspunkt nehmen sollten. Vorsichtshalber gab der französische Flottenführer um 11.15 Uhr Feuererlaubnis.

Bis zum Erreichen der Schußdistanz blieb allerdings noch genügend Zeit. Sprachen aber erst einmal die Waffen, mußten die Führerschiffe der beiden englischen Kolonnen am meisten aushalten. Deshalb liefen in dieser Position auch die stärksten Einheiten.

In der Luvkolonne führte Nelson auf der »Victory«, einem 100-Kanonen-Schiff, das bereits 1765 mit einer Wasserverdrängung von 2500 t gebaut worden war. Die »Victory« war in der englischen Seekriegsgeschichte das fünfte Schiff dieses Namens. Danach folgten »Temeraire« (98), »Neptune« (98), der Dreidecker »Britannia« (100), »Leviathan« (74) und »Conqueror« (74). In ihrem Kielwasser liefen »Agamemnon« (64), »Ajax« (64), »Orion« (74), »Minotaur« (74) und »Spartiate« (74). Die weit nach Backbord abgefallene »Africa« (64) bildete den Schluß. (Die in Klammern gesetzten Zahlen geben die Anzahl der Geschütze an.)

Die Leekolonne war stärker. Die »Royal Sovereign« (100) mit Collingwood führte. Ihr folgten »Belliste« (74), »Mars« (74), »Colossus« (74), »Tonnant« (80), »Bellerophon« (74), »Achille« (74), »Polyphemus« (64), »Revenge« (74), der Dreidecker »Dreadnought« (98), »Swiftsure« (74) und »Defence« (74). »Prince« (98), »Defiance« (74) sowie »Thunderer« (74) vollendeten die Kolonne. Alle teilnehmenden Schiffe wur-

Rechte Seite:
Seite aus dem Logbuch der »Euryalus«, auf der das berühmte Signal Nelsons in den Zeilen 12 und 13 festgehalten ist

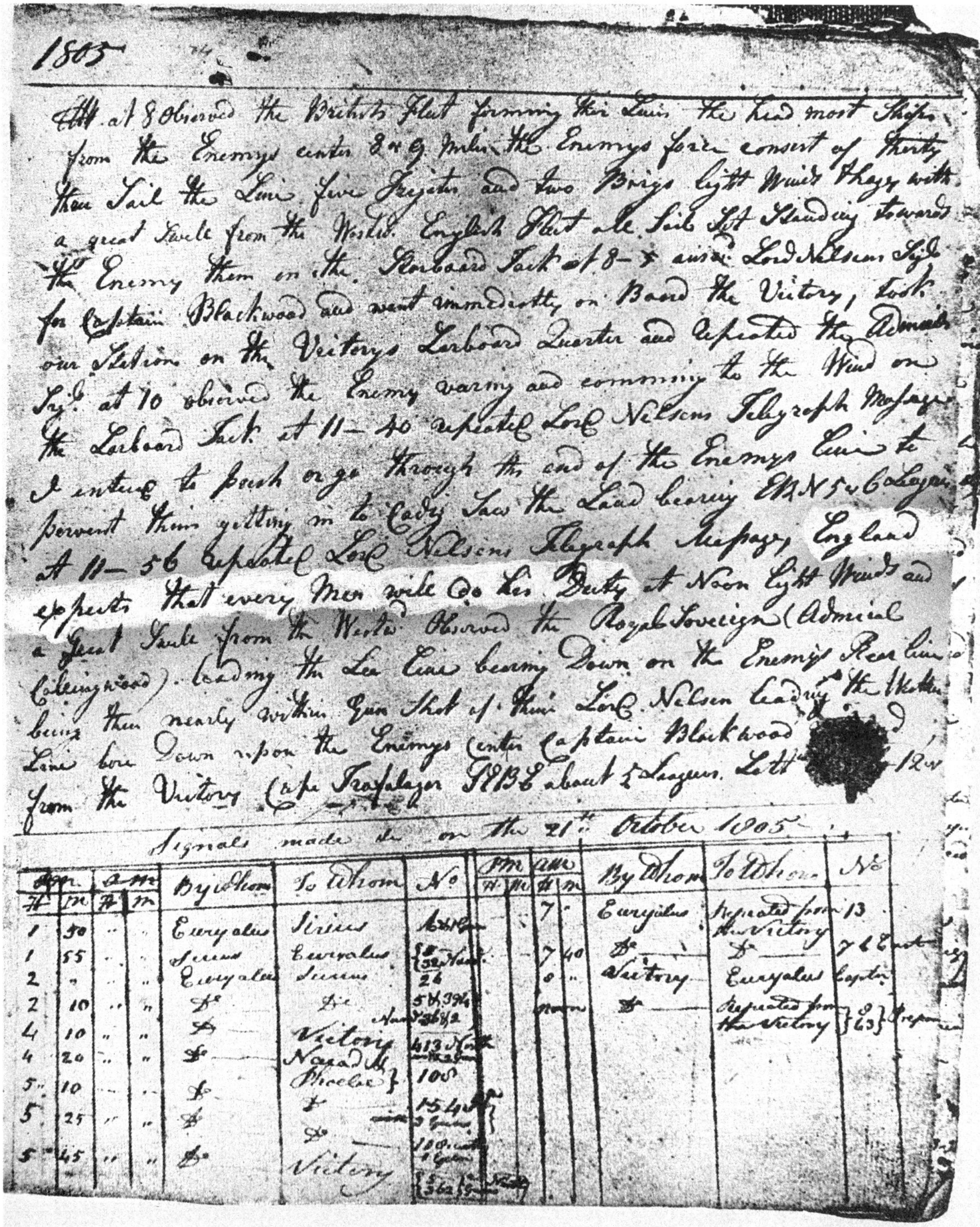

1805

at 8 Observed the British Fleet forming their Line the head most Ships
from the Enemys center 8 or 9 Miles the Enemys force consist of thirty
three Sail the Line five Frigates and two Brigs light Winds Hazy with
a great Swell from the Westd. English Fleet all Sail Set Standing towards
the Enemy them on the Starboard Tack at 8 – [illegible] Lord Nelson Sigl
for Captain Blackwood and went immediately on Board the Victory, took
our Station on the Victorys Larboard Quarter and repeated the Admirals
Sigl. at 10 observed the Enemy waring and comming to the Wind on
the Larboard Tack at 11 – 40 repeated Lord Nelsons Telegraph Message
I intend to push or go through the end of the Enemys Line to
prevent them getting in to Cadiz Saw the Land bearing E b N 5 or 6 Leagues
at 11 – 56 repeated Lord Nelsons Telegraph Message England
expects that every Man will do his Duty at Noon light Winds and
a Great Swell from the Westd. Observed the Royal Sovereign (Admiral
Collingwood) leading the Lee Line bearing Down on the Enemys Rear line
being then nearly within Gun Shot of them Lord Nelson leading the Weather
Line bore Down upon the Enemys center Captain Blackwood [illegible]
from the Victory Cape Trafalgar S E b E about 5 Leagues. Lett [illegible] 12 [illegible]

Signals made &c on the 21st October 1805

PM H	PM M	AM H	AM M	By Whom	To Whom	No.	PM H	PM M	AM H	AM M	By Whom	To Whom	No.
1	50	..	..	Euryalus	Sirius	[illegible]			7	–	Euryalus	Repeated from the Victory	13
1	55	..	..	Sirius	Euryalus	[illegible]			7	40	Do	Do	76
2	..	..	..	Euryalus	Sirius	26			8		Victory	Euryalus	Captn
2	10	..	..	Do	Do	[illegible]			Noon		Do	Repeated from the Victory	63
4	10	..	..	Do	Victory	413							
4	20	..	..	Do	Naiad & Phoebe	100							
5	10			Do									
5	25	..	..	Do	Do	154							
5	45	..	..	Do	Victory	[illegible]							

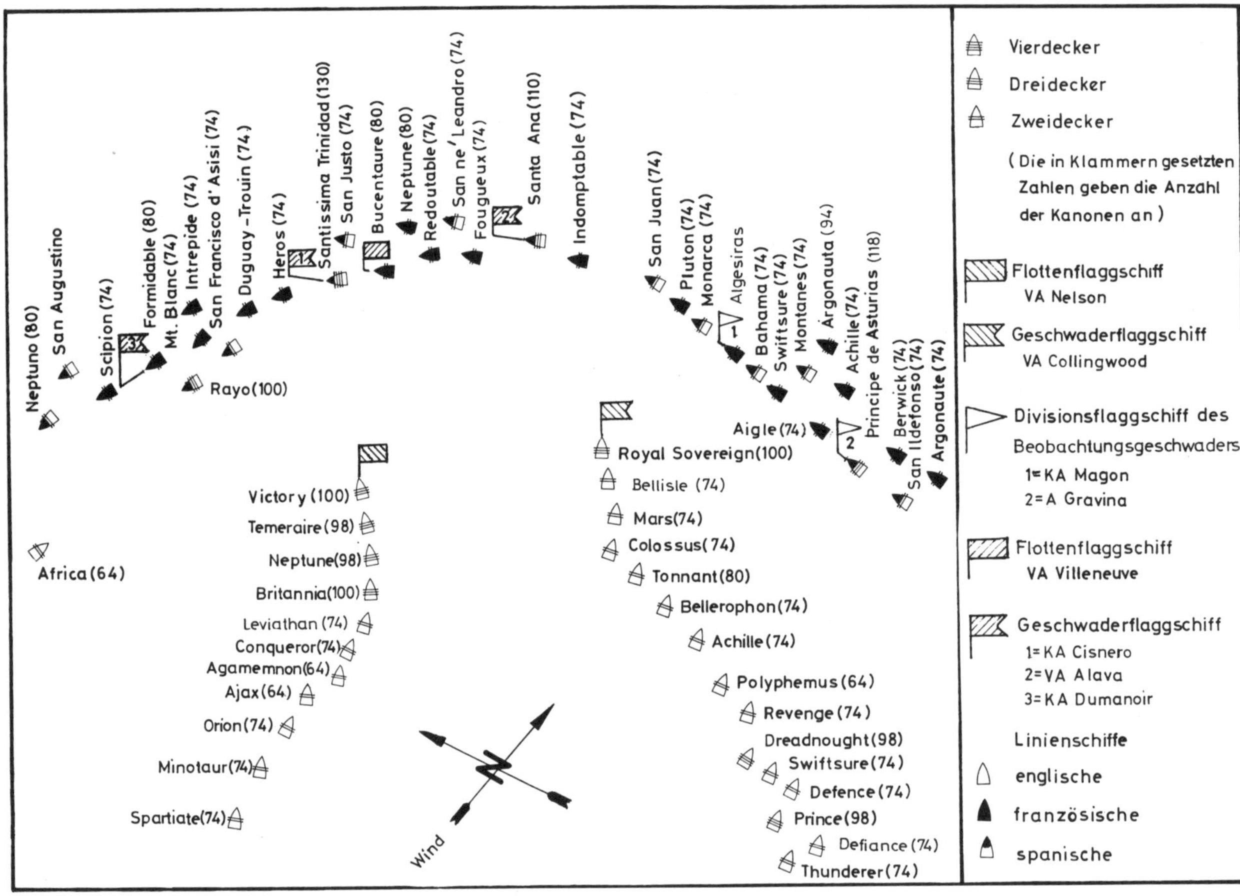

Karte 6
Vermutliche Stellung der Kräfte kurz vor Beginn der Seeschlacht von Trafalgar

den in den Jahren 1802 bis 1805 einer Generalreparatur und Modernisierung unterzogen.

Um 11.35 Uhr ließ Nelson zwei Signale setzen: »England expects that every man will do his duty« (England erwartet, daß jeder Mann seine Pflicht erfüllt), sollte in die Seekriegsgeschichte eingehen und Signal Nr. 16: »Näher heran an den Feind« wehte, bis es abgeschossen wurde.

Collingwood ging noch mehr nach Backbord auf die Lücke zwischen der spanischen »Santa Anna« (110), dem Flaggschiff von Vizeadmiral Don Ignatio Maria D'Alava, und der französischen »Fougueux« (74) zu. Dadurch hatte er 16 statt 12 Schiffe abgeschnitten, denen er nur seine 15 Einheiten entgegenstellen konnte. Gegen 11.55 Uhr donnerte die erste Breitseite der Schlacht, abgegeben von der »Fougueux«. Andere Schiffe folgten.

Nelson hielt noch immer auf das feindliche Spitzenschiff. Plötzlich ließ er nach Steuerbord abfallen und auf die Gruppierung »Santissima Trinidad« (130), Flaggschiff des Konteradmirals Cisnero, »Boucentaure« (80), Flaggschiff Villeneuves und die »Redoutable« (74) zuhalten. Gegen 12.20 Uhr gab die »Scipion« (74) die erste Salve auf das Luvgeschwader ab. Das

Die »Golden Hind«, ein moderner Nachbau der Galeone, mit der Drake seine Piratenüberfälle durchführte

Nächste Doppelseite:
Die Handlungen Drakes beginnen sich auszuzahlen. Die aus grünem Holz hergestellten Wasserfässer lassen das Wasser faulen. Deshalb müssen die Spanier bereits vor der englischen Küste ihre Pferde über Bord werfen. Das von C. C. van Wieringen Anfang des 17. Jahrhunderts geschaffene Gemälde zeigt diesen Moment, aber mit Schiffen seiner Zeit und nicht denen der Armada

Mit Rückenwind laufen die Brander in die Armada hinein. Im Vordergrund wahrscheinlich die Gelasse »San Antonio«, die von einer englischen Galeone attakkiert wird

Zur Abwehr der französischen Invasion mußte England seine Flotte wesentlich verstärken. Die Werften hatten Hochkonjunktur. Auf diesem Gemälde ist der Stapellauf eines Linienschiffes dargestellt

Die Linienschiffe waren nicht nur die kampfstärksten, sondern auch die schönsten Schiffe ihrer Zeit. Hier die 1762 gebaute »Britannia«, die in der Seeschlacht von Trafalgar die taktische Nummer 4 der Luvkolonne war

Von den vielfältigen Aufgaben, die Villeneuve in den Antillen erfüllen sollte, gelang am 30. Mai 1805 lediglich die Besetzung des relativ unbedeutenden Diamantfelsens

Die Seeschlacht hat begonnen. Im Vordergrund läuft die französisch-spanische Kiellinie von links nach rechts. Die englische Luvkolonne ist schon im Gefecht, die Leekolonne im Hintergrund nimmt es gerade auf

Nächste Doppelseite:
Ein Teil der Schiffe ist zum Mêlée übergegangen. Die »Victory« befindet sich in der Mitte rechts. An ihrer Steuerbordseite die »Redoutable«, fast entmastet und kurz vor der Übergabe. Neben ihr an Steuerbord die »Temeraire«

Die Schlacht gegen 16.00 Uhr. Noch schwimmen fast alle Schiffe, aber die Schäden an der Takelage sind bereits beträchtlich

Japanische Linienschiffe beschießen Port Arthur. Das Antwortfeuer der russischen Küstenbatterien war wenig effektiv. Demgegenüber gelang es, durch den Mineneinsatz einige Erfolge zu erzielen

Das Linienschiff »Petropawlowsk« lief 1894 vom Stapel und verfügte über vier 30,5-cm- sowie zwölf 15-cm-Geschütze. Sechs Torpedorohre komplettierten die Bewaffnung. Zu Beginn des Russisch-Japanischen Krieges war das Schiff bereits veraltet, da es keinen vollen Panzergürtel besaß. Am 12. April 1904 lief das Linienschiff mit Vizeadmiral Makarow an Bord aus Port Arthur aus, um japanische Kreuzer zu vertreiben. Zum Verband gehörten noch zwei weitere Linienschiffe, vier Kreuzer und sechs Torpedoboote. Als der Gegner Verstärkung bekam, zog sich der Verband unter den Schutz der Küstenbatterien zurück. Dabei lief das Linienschiff in eine Minensperre. Drei bis vier Explosionen zerstörten den Bug so stark, daß die »Petropawlowsk« innerhalb von zwei Minuten sank. Kurz danach lief auch das Linienschiff »Pobjeda« auf eine Mine. Trotz großer Beschädigungen konnte das Schiff aber mit eigener Kraft einlaufen

Der russische leichte Kreuzer »Nowik« wird in der Bucht von Korsakow durch den japanischen Kreuzer »Tichitose« gestellt. Die Selbstversenkung rettete das Schiff vor der schmachvollen Übergabe

Nächste Doppelseite:
Das erste japanische Geschwader, geführt von Konteradmiral Togo, während der Schlacht

Die letzte Möglichkeit zur Rettung des Port Arthur-Geschwaders wurde am 10. August 1904 durch die japanische Flotte zunichte gemacht. Es entwickelte sich anfangs ein Kampf um die Einnahme einer günstigen Feuerposition, der aufgrund der Geschwindigkeitsüberlegenheit von Togo gewonnen wurde. Als dann die Geschütze sprachen, wurde das russische Geschwader vollständig zerschlagen

Der schwere Kreuzer »Prinz Eugen« überlebte als eine der wenigen deutschen schweren Überwassereinheiten voll einsatzfähig den Krieg. Nach seinem Einlaufen in Brest durchbrach das Schiff im Februar 1942 gemeinsam mit der »Scharnhorst« und »Gneisenau« den Englischen Kanal. 1943 aus Mangel an Aufgaben in der Ostsee als Schulschiff eingesetzt, handelte sie 1944 gegen die in Küstenrichtung vorrückenden Truppen der Roten Armee. Im Mai 1945 in Kopenhagen den Alliierten übergeben, diente die »Prinz Eugen« 1946 als Zielschiff bei Atombombenversuchen im Bikini-Atoll. Stark beschädigt, wurde sie im November 1947 in Kawajalein versenkt

NACHLASS CLAUS BERGEN

V. o. n. u.
Panzerschiff »Admiral Graf Spee« (1936);
Schlachtschiff »Gneisenau« (1938);
Schwerer Kreuzer »Admiral Hipper« (1939);
Schlachtschiff »Tirpitz« (1941)

Heck der »Boucentaure« wurde gerundet, wodurch die »Victory« zum Enfilierfeuer kam. Gegen 13.00 Uhr gab sie eine Breitseite mit zwei- bis dreifach geladenen Kanonen aus kürzester Distanz ab. Die Angaben in den Quellen schwanken zwischen 100 bis 400 Toten. Nach und nach kamen, von der Vorhut Villeneuves, die immer noch den alten Kurs segelte, abgesehen, alle Schiffe ins Gefecht. Nelsons Plan ging auf. Die Flotte seines Gegners war gespalten und ein Zusammenwirken unmöglich. Villeneuve bemühte sich verzweifelt, seine Vorhut zurückzubefehlen. Ihr Befehlshaber, Konteradmiral Dumanoir, auf der »Formidable« (80), bemerkte die bereits 13.00 Uhr gesetzten Signale nicht. Erst 13.50 Uhr reagierte er auf ein weiteres Signal und wendete. In seinem Geschwader entstand ein unbeschreibliches Durcheinander, was weiteren Zeitverzug brachte.

In der Zwischenzeit ereilte den 47jährigen Nelson sein Schicksal. Ein Scharfschütze im Besanmast der »Redoutable« hatte den Mann in der ordensgeschmückten Uniform nicht übersehen. Seine Kugel durchschlug Schulter, Lunge und Rückgrat.

Der Kampf entwickelte sich zum allgemeinen Mêlée. Schwerpunkt bildete das Gebiet um die beiden Flaggschiffe. Die Waagschale des Sieges neigte sich im Verlaufe des Kampfes mehr und mehr zugunsten der Engländer. Um 15.30 Uhr, Nelson war bereits tot, hatten insgesamt 17 französisch/spanische Schiffe die Flagge gestrichen, und die explodierte »Achille« (74) sank. Kein einziges englisches Schiff hatte kapituliert. Alle waren, wenn auch mehr oder weniger beschädigt, noch bedingt einsatzklar.

Die Schlacht war zu Ende und entschieden. Sie kostete 3370 Franzosen, 1160 Spaniern und 449 Engländern das Leben. Insgesamt wurden 4787 Mann verwundet. Von den 17 Schiffen, die kapitulierten, gingen 16 aus unterschiedlichen Gründen verloren. Lediglich die »San Juan Nepomuceno« (74) konnte von den Engländern gerettet werden. Dumanoir, der mit vier Linienschiffen entkam, wurde am 4. November gestellt, und seine Schiffe wurden nach Plymouth eingebracht. Fünf französische und fünf spanische Schiffe erreichten arg beschädigt den rettenden Hafen von Cádiz. Das sechste spanische Linienschiff, die »Rayo«, lief auf dem Rückmarsch auf Grund und wurde von den Engländern verbrannt. Im Juni 1808 fielen die französischen Schiffe den spanischen Aufständischen in die Hände. Nicht ein Schiff Villeneuves lief wieder einen französischen Hafen an.

Er selbst geriet in Gefangenschaft. Freigelassen, beging er am 22. April 1806 auf dem Weg nach Paris in Rennes Selbstmord.

Die »Victory« lief am 5. Dezember 1805, halbmast geflaggt, mit den sterblichen Überresten Nelsons an Bord in Spithead ein. Seine feierliche Beisetzung fand am 9. Januar 1806 in der Krypta der St. Paul's Cathedrale in London statt.

Die Seeschlacht von Trafalgar war Geschichte. Was hat sie gebracht? Nicht die französische Flotte, sondern nur eines ihrer Geschwader war vernichtet. Napoleon selbst eilte von Sieg zu Sieg. Einen Tag vor Trafalgar, am 20. Oktober, legten 25000 Österreicher vor dem französischen Kaiser die Waffen nieder. Austerlitz, Jena und Auerstedt zeichneten sich bereits ab.

Trotzdem hatte diese Seeschlacht weitreichende Folgen. Der Sieg von Trafalgar verdrängte die französische Flotte von der See. Die ihr verbliebenen Kampfschiffe konnten aufgrund der Blockade durch die Engländer ihre Häfen nicht verlassen. Der nun von beiden Seiten begonnene Kaperkrieg blieb Stückwerk. England wickelte fast ohne Störungen seinen Kolonialhandel ab. Die britische Seemacht konnte nicht mehr untergraben werden und dominierte für die nächsten 100 Jahre. Es wäre allerdings falsch zu behaupten, daß Nelson ihr Begründer war. Er hat sie nur vollendet. Der Kampf um sie begann bereits 1588 mit der Vernichtung der Armada.

Mit welchen Bedingungen hatte er es zu tun? Die wichtigsten objektiven waren Wind, Geschwindigkeit der Schiffe und Stellung des Gegners, wobei der Wind eine entscheidende Rolle spielte und sich die anderen mehr oder weniger daraus ergaben. Seine Richtung brachte Nelson die vorteilhafte Luvstellung zum Gegner ein, und seine Stärke bestimmte die Geschwindig-

Die englische Flotte hat gesiegt. Aber fast alle Schiffe haben wie dieses 74-Kanonen-Linienschiff schwere Beschädigungen erlitten und erreichen nur mit Mühe den Heimathafen

keit der Schiffe. Dabei ist zu beachten, daß die Geschwindigkeit seiner Schiffe aufgrund ihrer Bauweise ohnehin größer als die der französischen oder gar der spanischen war. Subjektive Bedingungen waren u. a. der Ausbildungsstand der Besatzungen sowie der Mut und die militärische Meisterschaft der Kommandeure. Die Besatzungen der englischen Schiffe schossen dreimal schneller als ihr Gegner und Mut sowie militärische Meisterschaft waren bei den englischen Kommandeuren unvergleichlich höher.

Diese Hauptfaktoren, verbunden mit einer schöpferischen Analyse der Lage, gestatteten es Nelson, mit der althergebrachten Linientaktik zu brechen und in doppelter Kiellinie anzugreifen. Das war selbst auf die Gefahr hin möglich, daß die Spitzenschiffe schwer leiden mußten. Hatte er erst einmal die gegnerische Linie durchbrochen und die Leeposition eingenommen, konnte der Gegner nicht mehr entkommen, da ein noch höheres Herangehen an den Wind nicht realisierbar war. Danach mußte die Artillerie entscheiden.

Im vorgegebenen Rahmen der Segelschiffstaktik wandte Nelson bei Trafalgar schöpferisch Methoden an, die der konkreten Lage genau entsprachen. Dies kam besonders in einer entsprechenden Massierung der Kräfte und Mittel am richtigen Ort und zur richtigen Zeit sowie in einer zweckmäßigen Organisation des Zusammenwirkens zum Ausdruck.

Die Seeschlacht von Tsushima

(27./28. Mai 1905)

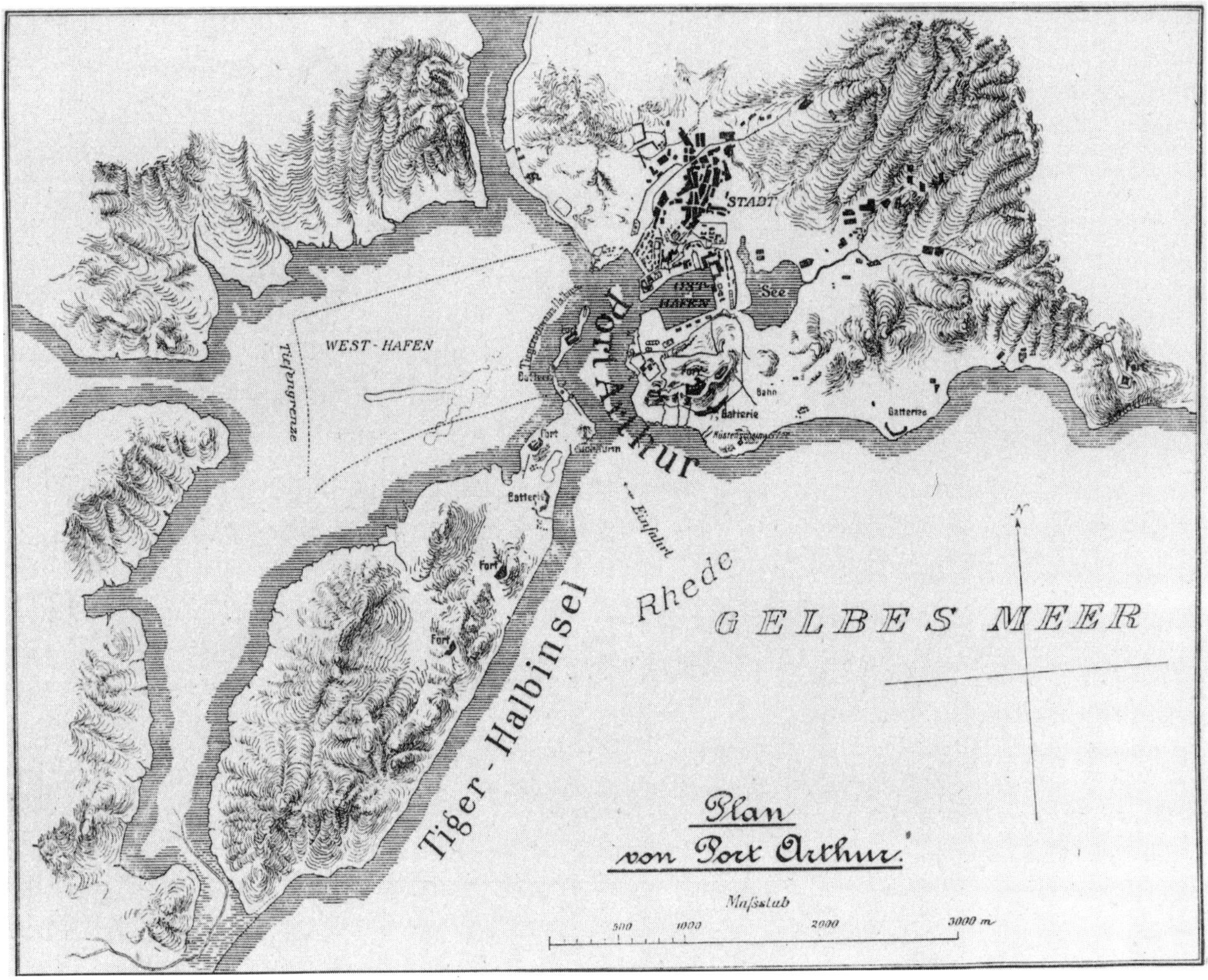

Vorhergehende Seite:
Die »Zesarewitsch«, hier an ihrem Liegeplatz in Port Arthur, hatte in den Kämpfen um die Flottenbasis schwer zu leiden. Beim ersten japanischen Angriff in der Nacht vom 8. zum 9. Februar 1904 gehörte sie zu den Schiffen, die einen Torpedotreffer erhielten. Dabei wurden Schraube, Ruder und einige achtere Abteilungen zerstört. Mit eilig aus Petersburg überführten Ersatzteilen konnte sie wieder fahrbereit gemacht werden. Im Gefecht vom 10. August 1904, als Flaggschiff laufend, erhielt sie einen 30,5 cm Volltreffer, der Konteradmiral Witthöft mit einem großen Teil seines Stabes tötete. Ein zweiter Volltreffer in das Kartenhaus setzte die Schiffsführung und die Kommandoelemente außer Gefecht. Ohne Kompaß und Seekarten umherirrend, erreichte sie am 11. August gegen 21.00 Uhr Tsingtau. Da das Schiff nicht innerhalb von 24 Stunden auslaufen konnte, mußte es den deutschen Behörden zur Entwaffnung übergeben werden

Fast ein Jahrhundert nach Trafalgar zogen sich am anderen Ende der Welt Kriegswolken zusammen, die sich in einer Seeschlacht, diesmal geführt von einer neuen Generation von Kampfschiffen, entladen sollten. In ihr standen sich Rußland und Japan gegenüber.

Die bürgerliche Revolution von 1867/68 schuf in Japan die Voraussetzungen für eine schnelle Entwicklung des Kapitalismus. Beträchtliche staatliche Investitionen förderten das industrielle Wachstum. Eine Agrarreform veränderte grundlegend die Verhältnisse in der Landwirtschaft und paßte sie kapitalistischen Verhältnissen an. Japan unternahm konsequente Anstrengungen, um den technischen und militärischen Rückstand zu den führenden kapitalistischen Mächten aufzuholen.

Dieser Prozeß ging mit innenpolitischen Auseinandersetzungen einher, in deren Verlauf sich ein Klassenbündnis zwischen Gutsbesitzern und Bourgeoisie, das sich eng mit der Monarchie liierte, entwickelte. Dieses Bündnis, mehr oder weniger vom alten Samuraigeist geprägt, bildete die Grundlage für die Aggressivität des sich entwickelnden japanischen Kapitalismus.

Während die 1874 durchgeführte Besetzung Taiwans, die bald wieder aufgegeben wurde, noch als innenpolitisches Ventil gegen eine mögliche Samurairevolte betrachtet werden muß, waren die Anfang der 90er Jahre des 19. Jahrhunderts ins Auge gefaßten Eroberungen ernsthafterer Natur.

Korea nahm dabei einen zentralen Platz ein, da es ein ideales Sprungbrett zum Festland bildete. Im Sommer 1894 begann Japan den Krieg gegen China, der im April 1895 durch einen Friedensvertrag beendet wurde. Seine Resultate brachten Japan nicht nur militärischen, sondern auch beträchtlichen politischen und ökonomischen Gewinn. China mußte über das inzwischen von japanischen Truppen besetzte Korea die Souveränität aufgeben, die Annexion der Pescadores-Inseln, Taiwans und der Halbinsel Liautung mit Port Arthur akzeptieren, 300 Mio. Yen Kontributionen zahlen sowie eine Reihe seiner Häfen für japanische Handelsschiffe öffnen. Das beginnende 20. Jahrhundert sah ein starkes Japan, das mit Riesenschritten den Übergang zum Imperialismus vollzog und dadurch immer mehr in den Blickpunkt der kapitalistischen Großmächte geriet. Durch sein Vorgehen gefährdete es im besonderen Maße die Interessen Rußlands.

Mit der Aufhebung der Leibeigenschaft im Jahre 1861 begann sich in Rußland die kapitalistische Entwicklung zu beschleunigen. Eine verstärkte Nachfrage nach Eisen, Kohle und Erdöl setzte ein. Die Industrie konzentrierte sich besonders im europäischen Teil des Reiches, aber auch Sibiriens Bedeutung als wirtschaftlicher Faktor wuchs. Es lieferte Fleisch, Butter sowie Wolle und benötigte zur Steigerung der Produktion Industrieerzeugnisse.

Trotzdem blieben weite, vor allem ländliche Teile Rußlands unterentwickelt, es existierten krasse Widersprüche zwischen Stadt und Land sowie zwischen dem eigentlichen Rußland und den nationalen Randgebieten des riesigen Zarenreiches. Darüber hinaus entstanden zwischen dem sich formierenden Proletariat und der Bourgeoisie unüberbrückbare Widersprüche. Die herrschende Klasse reagierte darauf mit verstärkten Unterdrückungsmaßnahmen. Sich entwickelndes Monopolkapital, Gutsbesitzerherrschaft, Willkür der Polizei und Despotismus des Zaren bildeten eine unheilige Einheit. Diese Mischung von brutalen Repressivmaßnahmen und bürokratischer Schlamperei war nicht in der Lage, die Situation zu entschärfen. Im Gegenteil, sie spitzte sie zu.

Auch außenpolitisch wuchsen die Probleme. In Europa bestand lediglich mit Frankreich ein freundschaftliches, durch Verträge abgesichertes Verhältnis. Mit allen anderen Großmächten hatte das Zarenreich mehr oder minder große Differenzen. In dieser Situation zeigte sich im Fernen Osten Japan als ein ernst zu nehmender Gegner. Seine Erfolge im Chinesisch-Japanischen Krieg berührten unmittelbar die russischen Interessen. Mit der Behauptung, daß die Integrität des chinesischen Reiches gewahrt werden müsse, erzwangen Rußland, Frankreich und Deutschland die Rückgabe der Halbinsel Liautung mit Port Arthur an China. Am 27. März 1898 unterzeichneten Rußland und China eine Übereinkunft, wonach dem Zarenreich Port Arthur für 25 Jahre verpachtet wurde. Bereits am Abend des gleichen Tages rückten die ersten drei russischen Kompanien in die Festung ein. Durch laufende Verstärkungen erreichten die russischen Truppen Ende 1898 ihren Sollbestand. Der Aus- und Neubau der Befestigungsanlagen ging, wenn auch mit Schwierigkeiten, zügig voran.

Da eine Flottenbasis in starkem Maße von ihren rückwärtigen Verbindungen abhängig ist und die Seeverbindungen jederzeit von Japan unterbrochen wer-

Linke Seite:
Russische Küstenbatterien bei Port Arthur

Durch harte und zweckmäßige Ausbildung wurden in der japanischen Flotte erfahrene Besatzungen herangezogen. Hier trainiert eine Geschützbedienung auf einem Kreuzer

den konnten, mußte eine Eisenbahnverbindung geschaffen werden. Durch den Vertrag vom 06. September 1896 zwischen Rußland und China wurde dieses Problem bereits vor der »Pachtung« gelöst. Die Vertragsbedingungen waren so ausgelegt, daß Rußland faktisch die Oberhoheit in der Mandschurei erlangte.

Japan sah sich betrogen und seine ureigensten Interessen bedroht. Es rüstete zum Krieg, der einer der ersten nach dem Übergang zum Imperialismus werden sollte.

Der Aufstand der Ihetuan (Boxeraufstand) in China von 1900, an dessen Niederschlagung beide Kontrahenten zusammen mit Großbritannien, Deutschland, Österreich-Ungarn, Frankreich, Italien und den USA teilnahmen, minderte die Spannungen zeitweilig. Als Rußland danach nicht daran dachte, seine Truppen aus der Mandschurei zurückzuziehen, stand für Japan ein Krieg auf der Tagesordnung. Aber Rußland war nicht China. Deshalb mußten umfangreiche Vorbereitungen getroffen werden.

Es fiel Japan nicht schwer, Großbritannien als Bündnispartner zu gewinnen, denn zwischen der russischen und britischen Krone gab es in China sowie im Nahen und Mittleren Osten genug Differenzen. Ein Bündnisvertrag wurde am 30. Januar 1902 abgeschlossen, in dem sich Großbritannien sogar verpflichtete, unter bestimmten Bedingungen seine Flotte gegen Rußland einzusetzen. Auch die USA stellten sich auf die Seite Japans.

Es fiel auch nicht schwer, die öffentliche Meinung im Lande für einen Krieg gegen Rußland zu manipulieren. Komplizierter stellte sich schon die Finanzierung der Kriegsvorbereitungen dar. Schließlich galt es ein starkes Heer aufzubauen, es mit einer Transportflotte zu überführen und zu versorgen sowie die Seeverbindungen durch eine schlagkräftige Flotte zu

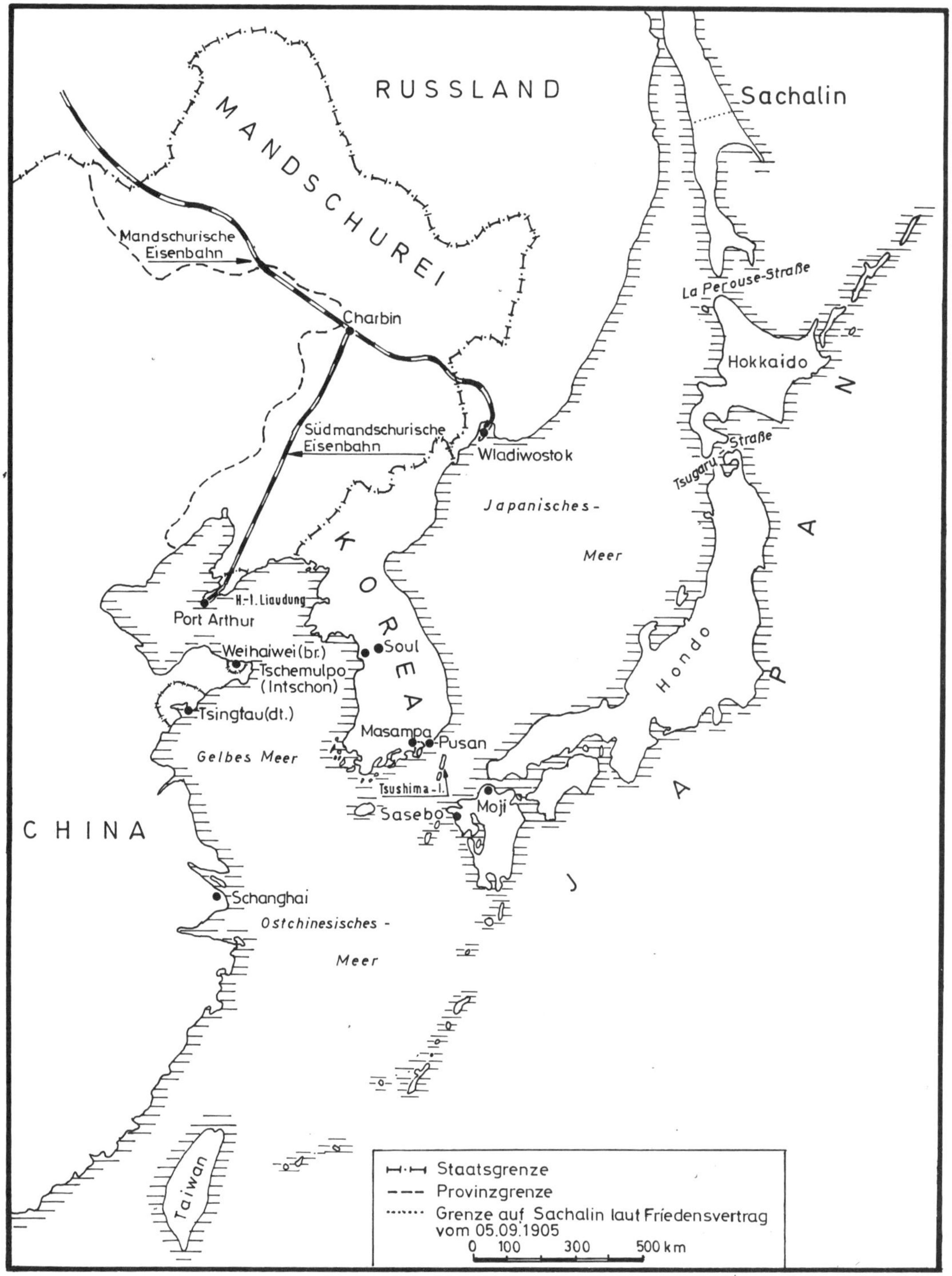

Karte 1
Überblick über den russisch-japanischen Kriegsschauplatz 1904–1905

Vizeadmiral S. O. Makarow war nicht nur ein hervorragender Flottenführer, sondern auch ein fähiger Wissenschaftler und Erfinder. Er segelte zweimal um die Erde, schrieb mehrere ozeanographische Werke, beschäftigte sich intensiv mit Problemen der Flottentaktik und der Erziehung des Personalbestandes unter Friedensbedingungen. Große Verdienste erwarb er sich bei der Entwicklung der Torpedowaffe, der Artilleriegeschosse, der Eisbrecher und bei der Einführung der Funktelegrafie. Insgesamt hat er mehr als 50 wissenschaftliche Werke hinterlassen. Den Angriff der Japaner auf das Port Arthur-Geschwader sah er voraus

Admiral Heihachiro Togo hielt sich von 1871 bis 1879 als Offizier in Großbritannien auf. Mit der dort gebauten »Hijei« und vielen Erfahrungen kehrte er nach Japan zurück. Erst 1898 zum Chef des Stabes der Marinestation Kure ernannt, übernahm er bereits 1900 das Kommando über ein Kampfschiffgeschwader und 1901 über die Marinestation Maizuru. Seine Fähigkeiten und Leistungen ließen ihn 1903 zum Befehlshaber der japanischen Flotte werden

schützen. Beträchtliche Steuerbelastungen der Bevölkerung verschafften die notwendigen Mittel.

Zu Kriegsbeginn verfügte Japan über sieben Linienschiffe, drei Panzerschiffe, sechs große und 26 kleine Kreuzer, 13 Kanonenboote, 11 Torpedobootzerstörer und 87 Torpedoboote. In den Quellen werden für die Flottenstärken beider Seiten verschiedene Zahlen angegeben. (Hauptursache dafür sind die unterschiedlichen Klassifizierungen der Schiffe in den einzelnen Flotten.) Die großen Einheiten waren durchweg moderne Schiffe und bis auf wenige Ausnahmen nicht älter als sechs bis acht Jahre.

In Rußland wurden die angestrengten Kriegsvorbereitungen Japans ignoriert. Überheblichkeit, Schlamperei und Bürokratie taten ein übriges, so daß von einer Kriegsbereitschaft nicht im entferntesten ge-

Die Panzerung entwickelte sich mehr und mehr zu einem der wichtigsten Merkmale großer Kampfschiffe. Unter der hier auf einer Holzlage angebrachten Panzerplatte befindet sich nochmals eine Panzerplatte auf Holzlage, die auf der eigentlichen Außenhaut befestigt ist

sprochen werden kann. Das mutet um so erstaunlicher an, da der Zarismus durchaus an einem Krieg interessiert war. »Um die Revolution aufzuhalten, brauchen wir einen kleinen, siegreichen Krieg«, meinte der russische Außenminister Plewe.

Die russische Pazifikflotte hatte zu Beginn des Krieges einen Bestand von sieben Linienschiffen, neun großen und zwei kleinen Kreuzern, zwei Torpedokanonenbooten und eine Reihe kleinerer Fahrzeuge. Die großen Einheiten waren nicht älter als die japanischen und galten als modern.

Am 06. Februar 1904 verließ die japanische Flotte den Hafen Sasebo in Richtung Gelbes Meer. Am gleichen Tage lief die Transportflotte mit den Truppen an Bord in Richtung Pusan, Masampa und Bucht von Tschemulpo ab. Die Flotte erreichte am Abend des 08. Februar Port Arthur. In der Stadt herrschte tiefster Frieden. Sie war wie üblich erleuchtet, der Leuchtturm brannte ebenso wie die Leuchttonnen. Die großen Einheiten lagen auf Reede, hatten keine Torpedonetze ausgebracht, waren nicht abgeblendet und führten mit Scheinwerfern Signalübungen durch. Der Torpedoangriff der Japaner, der gegen 23.30 Uhr begann, überraschte sie vollständig. Die Linienschiffe »Zesarewitsch« und »Retvisan« sowie der große Kreuzer »Pallada« wurden durch Torpedotreffer beschädigt. Ein erster, wenn auch nur mäßiger Erfolg der Japaner.

Es ist nicht verwunderlich, daß die Japaner die Kampfhandlungen gegen Rußland mit der Flotte begannen, denn die militärischen Aktivitäten auf dem Festland konnten nur dann erfolgreich sein, wenn es gelang, die Seeverbindungen zum Mutterland zuverlässig zu schützen. Ohne sie hätten die japanischen Truppen nicht lange kämpfen können. Andererseits bestand die Hauptaufgabe der russischen Flotte darin, mit aller Kraft auf die Seeverbindungen des Gegners einzuwirken, um den eigenen Truppen die Erfüllung ihrer Aufgaben zu erleichtern.

Das russische Port Arthur-Geschwader blieb aber inaktiv. Sein Befehlshaber, Vizeadmiral Stark, entschloß sich lediglich zum Minenlegen. Dilettantische Ausführung führte dazu, daß am 11. Februar 1904 sowohl der Minenleger als auch ein kleiner Kreuzer auf die eben gelegten Minen liefen und sanken.

Die Situation änderte sich erst, als Vizeadmiral Makarow (1848–1904) am 08. März den Befehl über die Flotte übernahm. Sofort hob sich der Kampfgeist der Besatzungen. Die Flotte lief wieder aus und wies mehrere japanische Angriffe ab. Aufklärungsvorstöße waren an der Tagesordnung. Bei einem solchen lief am 13. April das Linienschiff »Petropawlowsk« auf eine Mine. Es riß 600 Mann, unter ihnen Vizeadmiral Makarow, mit in die Tiefe. Rußland hatte seinen fähigsten Flottenführer verloren. Die Seeherrschaft im Gelben Meer ging nun endgültig an die Japaner über.

Aktionen des Wladiwostok-Geschwaders unter Konteradmiral Jessen brachten nur geringe Erfolge, beunruhigten aber die japanische Führung.

Auch die Landlage entwickelte sich für Rußland ungünstig. Die Japaner rückten unaufhaltsam vor und schnitten am 14. Mai Port Arthur vom Hinterland ab. Damit war die Flottenbasis land- und seeseitig blokkiert.

Konteradmiral Witthöft, der mittlerweile den Befehl über das Port Arthur-Geschwader übernommen hatte, konnte sich lange Zeit nicht zu offensiven Aktionen entschließen. Zwar gelang es ihm am 15. Mai, einen japanischen Verband auf eine Minensperre zu locken, wobei die Linienschiffe »Hatsuse« und »Yashima« sanken, aber auf See wagte er sich nicht hinaus. Erst am 23. Juni wurde mit sechs Linienschiffen, fünf Kreuzern, zwei Kanonenbooten und mehreren Torpedobooten ausgelaufen. Ein energisch geführter Gegenstoß durch Konteradmiral Heihachiro Togo (1847 bis 1934), Oberbefehlshaber der japanischen Flotte, trieb das russische Geschwader an seine alten Liegeplätze zurück.

Es dauerte eine gewisse Zeit, bis Petersburg begriff, daß die japanische Flotte ein ernst zu nehmender Gegner war und sich im Fernen Osten eine Niederlage abzeichnete. Aus der Überlegung heraus, daß die Pazifikflotte plus ein Teil der Ostseeflotte eine doppelte Überlegenheit über die japanische ergab, wurde Mitte März der Befehl zur Entsendung von sechs Linienschiffen, zwei großen und vier kleinen Kreuzern, 24 Torpedobooten sowie drei Hilfsschiffen gegeben. Dieser Verband erhielt die Bezeichnung II. Fernostgeschwader. Trotz intensiver Vorbereitung konnte er im Sommer nicht auslaufbereit gemacht werden.

Inzwischen spitzte sich die Lage in Port Arthur bedrohlich zu. Den Japanern gelang es am 07. August,

Vizeadmiral S. P. Roshestwenski war ein eifriger Verfechter der Generalschlacht zwischen großen Panzerschiffen. Doch als er sie führen konnte, verhielt er sich passiv und war nicht in der Lage, die Kampfhandlungen zweckmäßig zu organisieren. Dafür zeichnete er sich durch Brutalität und Überheblichkeit aus. Nach seiner Rückkehr aus Japan wurde er vor ein Kriegsgericht gestellt, aber aufgrund seiner Verwundungen freigesprochen

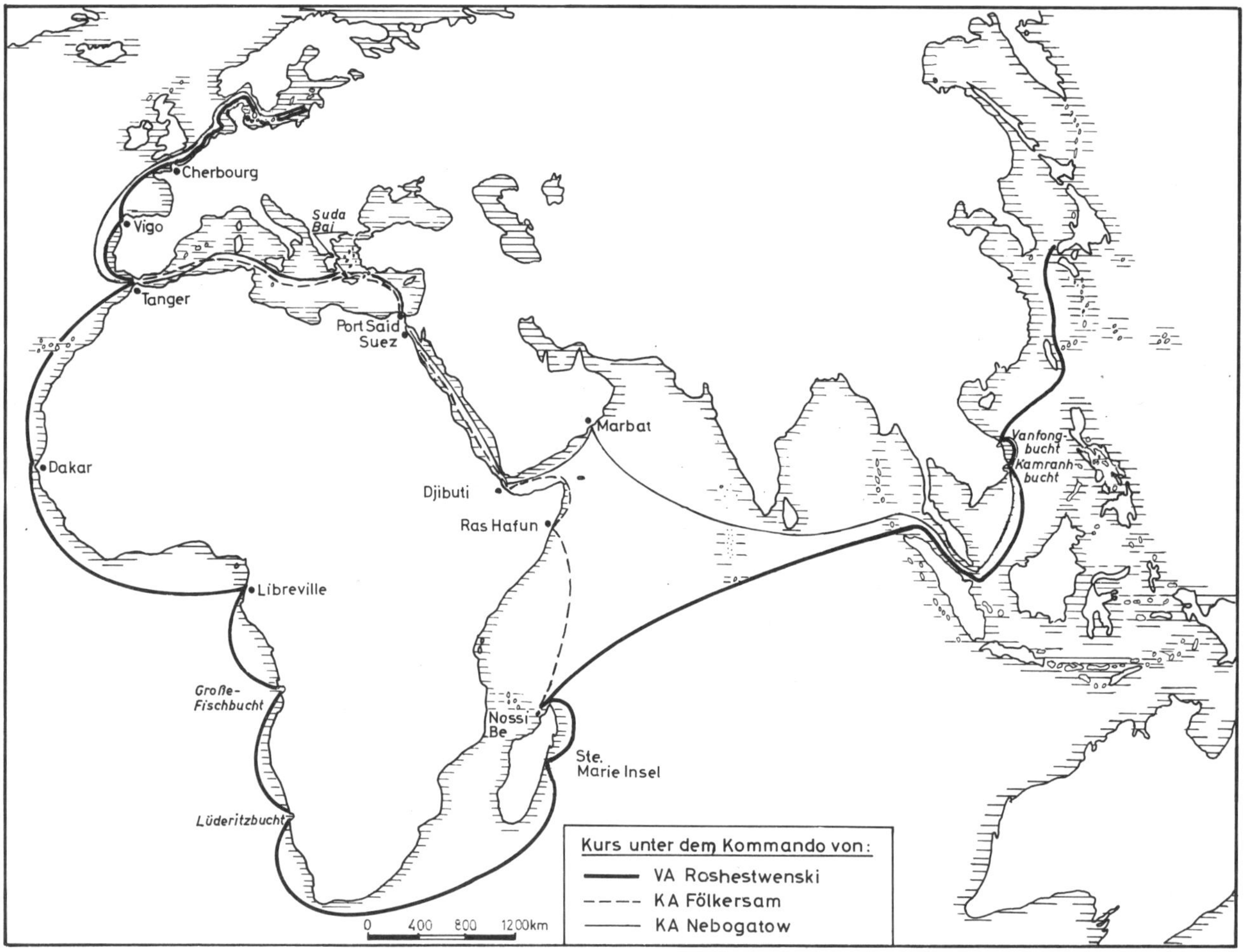

Karte 2
Weg des II. Fernostgeschwaders mit Anlaufpunkten

die Wolfsberge zu nehmen. Das bedeutete, daß Stadt und Hafen beschossen werden konnten. Sollte die Flotte nicht an ihren Liegeplätzen untergehen, mußte sie auslaufen. Der Zar befahl persönlich den Durchbruch nach Wladiwostok.

Am 10. August 09.00 Uhr befand sich das Geschwader auf Reede. Sechs Linienschiffe, drei große und ein leichter Kreuzer sowie acht Torpedoboote traten zum Durchbruch an. Togo wartete bereits mit überlegenen Kräften, aber Manöverfehler und übergroße Vorsicht vergrößerten die Chance der Russen zum erfolgreichen Entkommen. Nur der höheren Geschwindigkeit der Japaner war es zu danken, daß es doch noch zum Kampf kam. Sein Ausgang entsprach dem Verlauf der bisherigen Kampfhandlungen. Konteradmiral Witthöft wurde getötet, fünf Linienschiffe, ein Kreuzer und drei Torpedoboote liefen wieder in Port Arthur ein. Das Flaggschiff, die »Zesarewitsch«, durch 19 Treffer schwer beschädigt, erreichte Tsingtau, wo sie zusammen mit drei Torpedobooten von den deutschen

Behörden entwaffnet wurde. Lediglich der leichte Kreuzer »Nowik« konnte in der geforderten Zeit auslaufen. Aber auch sein Durchbruchsversuch verlief erfolglos. Am 20. August wurde er gestellt und am darauffolgenden Tage von der eigenen Besatzung versenkt. Ein schwerer Kreuzer und ein Torpedoboot erreichten Shanghai sowie ein schwerer Kreuzer Saigon. Auch sie wurden interniert. Ein Torpedoboot jagten die Japaner in der Nähe von Weihaiwei auf den Strand. Nicht ein Schiff erreichte Wladiwostok.

Ein viel zu spät von Wladiwostok angesetzter Entlastungsstoß endete am 14. August erfolglos.

Damit war das Schicksal der russischen Pazifikflotte besiegelt. An einen Blockadedurchbruch war nun nicht mehr zu denken.

Bis zum Jahre 1904 hatten sich in allen größeren Seemächten die Linienschiffe als Kern der Flotte herausgebildet. Das Hauptkaliber schwankte zunächst zwischen 33 und 34cm, pendelte sich aber bis 1904 auf 28 und 30,5cm ein, da damit eine höhere Schußfolge erreicht werden konnte. Die Türme mit je zwei Geschützen des Hauptkalibers gewährleisteten einen horizontalen Schußsektor von ca. 270 Grad. Die Mündungsenergie eines 30,5-cm-Geschützes ermöglichte das Durchschlagen einer 150cm schmiedeeisernen Platte, die direkt vor der Rohrmündung aufgestellt war. Das Kaliber der Mittelartillerie bewegte sich zwischen 14 und 16,5cm und das der leichten Artillerie zwischen 5 und 7,5cm.

Aufgrund der gesteigerten Geschoßwirkung war eine stärkere Panzerung erforderlich. Der Gürtelpanzer mit einer Stärke von ca. 23cm in der Wasserlinie richtete sich hauptsächlich gegen Torpedos und Minen. Die Panzerung der Türme der Hauptkaliber sowie der Kommandozentralen schwankte entsprechend den gültigen Ansichten in den Flotten zwischen 12 und 36cm. Die großen Eisenmassen von Artillerie und Panzerung erzwangen eine Wasserverdrängung von 12–15000t. Dreifach-Expansionsmaschinen gewährleisteten eine Geschwindigkeit von 18kn.

Wegen ihrer unterschiedlichen Aufgaben, wie Aufklärung, Schutz und Störung der Seeverbindungen, Kolonialeinsatz usw., bildete sich eine große Typenvielfalt bei den Kreuzern heraus. Große Kreuzer, Panzerkreuzer oder geschützte Kreuzer verfügten über ein Hauptkaliber, das im 20-cm-Bereich lag, sowie über 15cm und kleinere Geschütze. Die Panzerung war schwächer als die der Linienschiffe. Da die Kreuzer eine Geschwindigkeit von 20 bis 25kn entwickeln mußten, besaßen sie größere und damit schwerere Maschinen. Hinzu kam noch, daß sie für eine Fahrtstrecke von ca. 6000sm mehr Kohlen als die Linienschiffe mitnehmen mußten. Diese Umstände führten dazu, daß ihre Wasserverdrängung 10000t überstieg und fast die der Linienschiffe erreichte. Kleine Kreuzer waren in der Regel ungepanzert, ihre Geschwindigkeit betrug ca. 20kn und die Wasserverdrängung lag um 5000t. Die Hauptkaliber bewegten sich zwischen 10,5 und 12cm.

Die Torpedoboote mußten aufgrund ihrer Aufgabe klein und schnell sein. Sie entwickelten eine Geschwindigkeit von rund 30kn und hatten eine Wasserverdrängung von ungefähr 300t. Zwei Torpedorohre bildeten die Hauptbewaffnung, die durch eine Reihe von 4cm Geschützen ergänzt wurde.

Durch die in der Mittschiffslinie aufgestellten Türme der Hauptkaliber bekam die Linientaktik wieder eine große Bedeutung. Die Verhältnisse von Trafalgar kehrten sich um. Unter den jetzt entstandenen Bedingungen hätte sich Villeneuve in einer idealen Lage befunden, da alle Hauptkaliber zum Einsatz kommen konnten, während Nelson hingegen lediglich die Buggeschütze hätte einsetzen können. Die Einnahme der Kiellinie vor einer gegnerischen Kiellinie galt zu Recht als die ideale Gefechtsposition. Da die Stellungen zueinander einem »T« glichen, erhielt diese Position die englische Bezeichnung »Crossing the T«.

In der Ostsee nahm trotz vielfältiger Schwierigkeiten die Formierung des II. Fernostgeschwaders nach und nach Gestalt an. Dabei gab es eine Reihe von Problemen unterschiedlicher Natur zu lösen.

Für die Überfahrt nach Port Arthur oder Wladiwostok standen drei Wege zur Auswahl, durch den Suez-

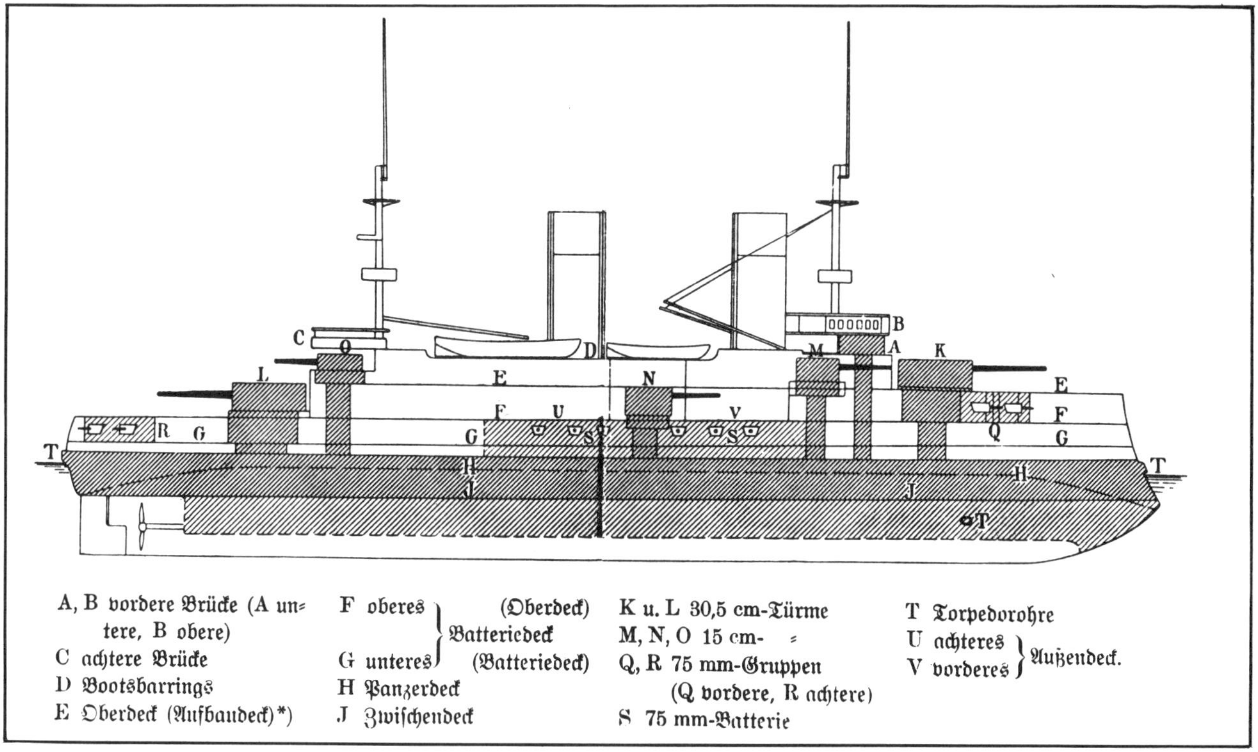

Schnitt durch ein Linienschiff der Suworowklasse

kanal (12500sm), um das Kap der Guten Hoffnung (16100sm) und um Kap Horn (21700sm). Letzterer entfiel nicht nur wegen seiner Länge, sondern auch wegen der zu erwartenden Schwierigkeiten bei der Kohlenversorgung. Dieses Problem galt auch für die anderen Wege, war hier aber leichter zu lösen. Großbritannien, als Verbündeter Japans, kam samt seinen Kolonien und Stützpunkten dafür nicht in Frage. Die Kohlenverfrachtung und Bereitstellung an ausgewählten Punkten übernahmen deshalb 70 Schiffe der deutschen Hamburg–Amerika–Linie. Die notwendige Kohle wurde hauptsächlich in Großbritannien gekauft, denn soweit, daß auf ein Geschäft verzichtet wurde, gingen die Bündnispflichten der Briten nun auch wieder nicht. Zusätzliche Kohlenschiffe stellte Rußland im Schwarzen Meer bereit.

Ein nicht geringeres Problem bestand in der Auswahl der Kampfschiffe. Sie sollten modern und sowohl den Anforderungen der Überfahrt als auch denen einer Seeschlacht gewachsen sein.

Des weiteren mußte ein befähigter Geschwaderkommandeur gefunden werden. Anfang Mai wurde Konteradmiral Roshestwenski (1848–1909), bis dahin Chef des Hauptstabes, in diese Dienststellung berufen. Dafür dürften weniger militärische Fähigkeiten, sondern vielmehr gute persönliche Beziehungen zum Zarenhof ausschlaggebend gewesen sein. Roshest-

Linke Seite:
Ein Kasemattgeschütz mittleren Kalibers mit Schutzschild

Der Hafen von Port Arthur bot nach der Übergabe ein trostloses Bild. Links der Kreuzer »Pallada«, recht das Linienschiff »Pobjeda«. Beide Schiffe wurden gehoben und mit den Namen »Tsugaru« und »Suwo« der japanischen Flotte zugeführt

wenskis überheblicher und aufbrausender Charakter führte dazu, daß er zum Schrecken, aber nicht zum anerkannten Führer des Geschwaders wurde.

Bereits in heimatlichen Gewässern zeigte sich bei einfachen Übungen, daß der Ausbildungsstand des Geschwaders nicht den zu erwartenden Anforderungen entsprach. Es mußte schon vor dem Auslaufen bezweifelt werden, ob das Geschwader seine Aufgabe, entweder Vereinigung mit den Resten der Pazifikflotte oder aber selbständige Durchführung einer Seeschlacht, erfüllen konnte. Zu ernsthaften Schlußfolgerungen führten diese Mängel nicht.

Zusätzlich beunruhigten sowohl Befehlshaber als auch Besatzungen Gerüchte über japanische Aktivitäten in europäischen Gewässern. Die Rede war von Minenlegaktionen in dänischen Seegebieten und dem Ankauf von Fischdampfern durch die Japaner, die Torpedorohre erhalten sollten. Bereits am 01. Juni erging ein Befehl zur Sicherung der russischen Ostseeküste, dem wenig später Anordnungen zum Schutz der Häfen folgten. Jahre danach stellte sich heraus, daß diese Gerüchte von einem Agenten des zaristischen Geheimdienstes in Kopenhagen durch ständige Falschmeldungen am Leben gehalten wurden, der dadurch seine »Bedeutung« unterstrich und nicht unbedeutende Summen kassierte.

Endlich wurde der Auslauftermin für den 14. September festgelegt. Aber erst einen Monat später verließ ein bunt zusammengewürfelter Verband von sieben Linienschiffen, sechs Kreuzern, sieben Torpedobooten und einer Reihe von Hilfsschiffen die russischen Ostseehäfen mit Kurs Stiller Ozean.

Ab Kattegat wurde verstärkter Ausguck nach Torpedobooten befohlen, und die wachhabenden Offiziere wurden autorisiert, bei Gefahr eines Torpedoangriffes das Feuer selbständig zu eröffnen. Als das Geschwader Skagen erreichte, trafen weitere Meldungen über verdächtige Fahrzeuge und unbekannte Torpedoboote sowie über die Beförderung Roshestwenskis zum Vizeadmiral ein. Aufgrund der vermeintlichen Gefahr formierte der Befehlshaber sein Geschwader in sechs Abteilungen um, vorn die Torpedoboote, hinten die Linienschiffe. Die Abteilungen liefen in einem Abstand von einer Stunde in Richtung Englischer Kanal. Alle Schiffe hatten volle Gefechtsbereitschaft hergestellt, und die Spannung der Besatzungen erreichte fast den Siedepunkt.

Die »Kamschatka«, ein Werkstattschiff, fiel am 21. Oktober aufgrund eines Maschinenschadens zurück und befand sich plötzlich weit hinter der letzten Abteilung. Ungewißheit und Angst ließen die Besatzung Torpedoboote ausmachen. 20.45 Uhr wurde der »Suworow«, dem Flaggschiff, gemeldet, das Schiff werde von allen Seiten von Torpedobooten angegriffen. Später wurde die Meldung auf acht Torpedoboote in einer Entfernung von einer Kabellänge präzisiert. Roshestwenski löste Torpedobootsalarm aus. Keiner stellte die Frage, warum die Japaner ausgerechnet ein Werkstattschiff und nicht ein Linienschiff angriffen. In den ersten Stunden des folgenden Tages wurde diese Frage gegenstandslos, denn die »Suworow« hatte endlich auch ein »Torpedoboot« gesichtet. Roshestwenski selbst gab den Feuerbefehl. Auf der Doggerbank begann ein unbeschreibliches Chaos. Mehrere Linienschiffe und Kreuzer begannen wie wild zu feuern. Erst nach 20 Minuten trat wieder Ruhe ein. Auf dem »Schlachtfeld« blieben ein gesunkener und fünf beschädigte Fischdampfer aus Hull zurück. Der eigene Kreuzer »Aurora«, der nicht im entferntesten einem Torpedoboot glich, hatte fünf Treffer erhalten. In den russischen Munitionskammern fehlten siebzehn 15,2-cm-Granaten und 500 Geschosse kleineren Kalibers.

In England erhob sich ein Sturm der Entrüstung, und im russischen Admiralsstab erfuhr man von diesem Vorfall erst aus den Zeitungen, da Roshestwenski keine Meldung abgesetzt hatte.

Natürlich blieb dieser Zwischenfall nicht ohne Folgen. England konzentrierte seine in Europa befindlichen Flottenkräfte und begann mit der Überwachung des russischen Geschwaders, was bis zum 05. November anhalten sollte.

Eine internationale Untersuchungskommission legte am 25. Februar 1905 einen Abschlußbericht vor,

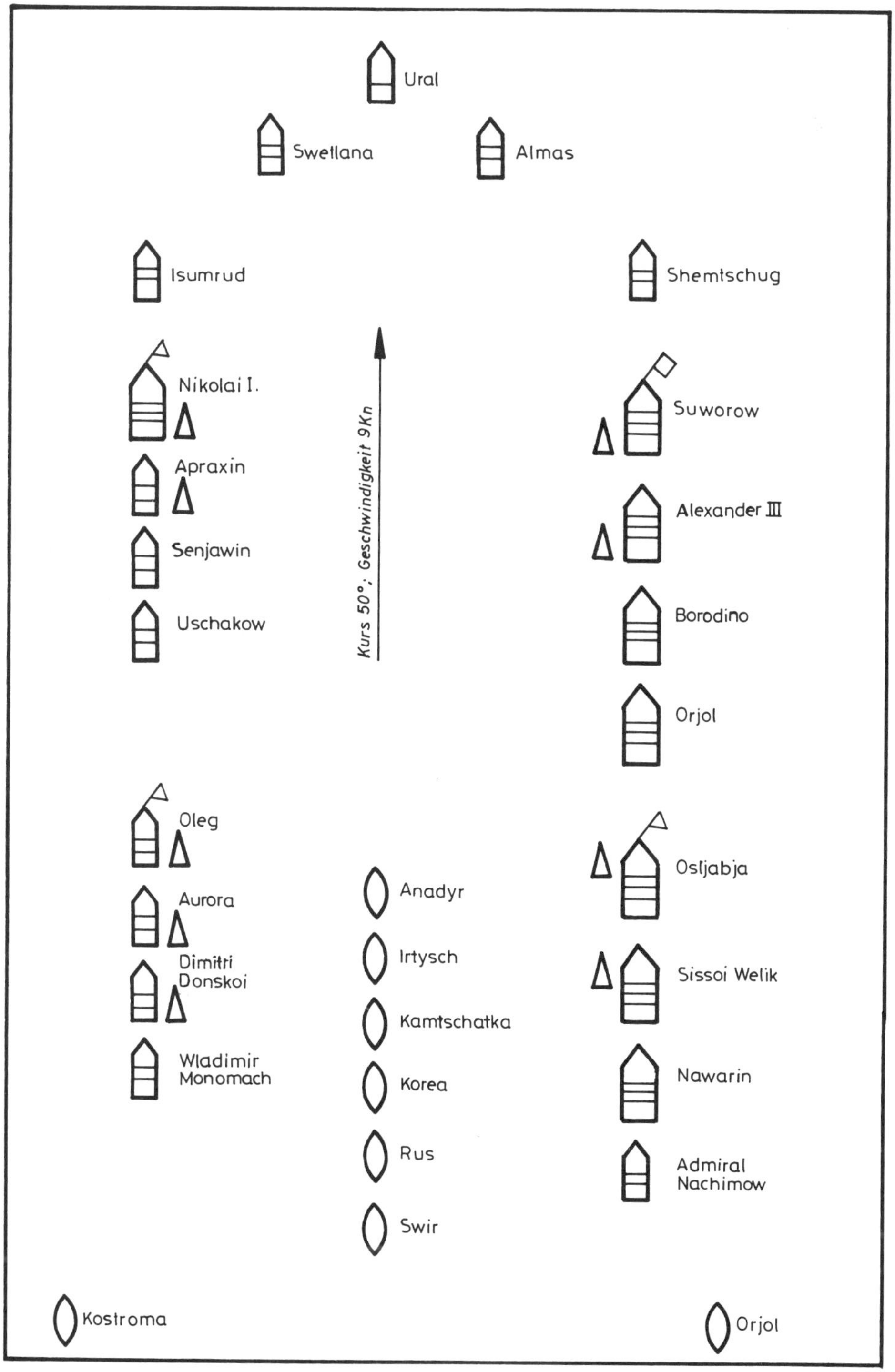

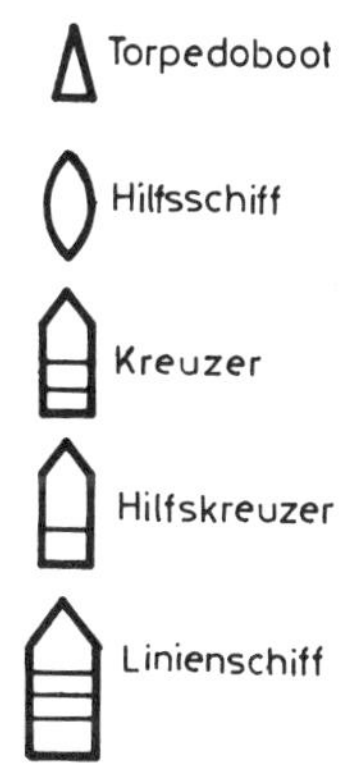

Karte 3
Formation des II. Fernostgeschwaders am Morgen des 27. Mai 1905

Admiral Togos Flaggschiff »Mikasa«. Das Linienschiff wurde 1900 gebaut und erreichte eine Geschwindigkeit von 18,5 kn. Vier 30,5-cm, vierzehn 15,2-cm und zweiunddreißig Geschütze kleineren Kalibers sowie vier Torpedorohre bildeten die Bewaffnung. Das Schiff feuert Breitseite auf Breitseite gegen die russischen Schiffe, liegt aber als Flaggschiff ebenfalls im Granathagel. 8 Tote, 105 Verwundete und schwere Beschädigungen waren die Folge. Nach der Schlacht mußte es längere Zeit in der Werft wieder fahrbereit gemacht werden

in dem der genaue Hergang des Zwischenfalls zwar nicht geklärt, Roshestwenski aber eindeutig als Schuldiger bezeichnet wurde.

Inzwischen setzte das Geschwader seinen Marsch fort. Nach Bebunkerung in Cherbourg und Vigo sammelte es sich in Tanger. Hier wurde es durch seinen Befehlshaber geteilt, da es aufgrund diplomatischer Überlegungen der russischen Regierung unzweckmäßig gewesen wäre, mit allen Einheiten den Suezkanal zu passieren. Roshestwenski nahm mit fünf Linienschiffen, drei Kreuzern sowie den notwendigen Hilfsschiffen den Weg um das Kap der Guten Hoffnung. Konteradmiral Fölkersam hatte mit dem Rest durch den Suezkanal zu laufen. Am 05. November wurde Tanger achteraus gelassen.

Roshestwenski nahm den Weg über Dakar, Libreville, die Große Fischbucht (Angola), die Lüderitzbucht (Deutsch-Südwestafrika) und die Ste. Marie Insel (Ostküste Madagaskar) nach Nossi Be, das er am 09. Januar 1905 erreichte. Fölkersam lief über die Suda Bai (Kreta), Port Said, Suez, Djibuti und Ras Hafun nach Nossi Be, wo er am 28. Dezember vor Anker ging. Beide Abteilungen übernahmen an den genannten Punkten Kohlen, dabei teilweise sogar in See, ein bis

Der achtere Geschützturm des russischen Linienschiffes »Alexander III.«. In der Schlacht kämpfte das Schiff buchstäblich bis zum Untergang. Unzählige Granaten durchlöcherten die Bordwand und rasierten die Aufbauten weg. Ausbrechende Brände machten die Feuer- und Schiffsführung fast unmöglich. Als das Schiff schließlich kenterte, hielt es sich noch ca. 20 Minuten an der Wasseroberfläche, bevor es die gesamte Besatzung mit in die Tiefe riß

dahin einmaliger Vorgang in der Seekriegsgeschichte.

Während der Überfahrt hatten sich sowohl am Beginn- als auch am geplanten Endpunkt der Reise entscheidende Ereignisse vollzogen.

Der Russisch-Japanische Krieg trug zum Heranreifen einer revolutionären Krise in Rußland bei. Streiks erschütterten die zaristische Selbstherrschaft bis in ihre Grundfesten. Am 08. Januar 1905 weitete sich die Streikbewegung in Petersburg zu einem Generalstreik aus. Einen Tag später, als Roshestwenski Nossi Be erreichte, wurden in der russischen Hauptstadt über 1000 Menschen niedergemetzelt und mehrere Tausend verwundet. Die Arbeiter begannen sich zu bewaffnen und errichteten die ersten Barrikaden. Die Revolution war nicht mehr aufzuhalten.

Auch in Port Arthur entwickelte sich die Lage für den zaristischen Staat katastrophal. Ein Durchbruch der restlichen sich im Hafen befindenden Flottenkräfte nach Wladiwostok war illusorisch geworden. Unter dem Eindruck des verstärkten japanischen Beschusses wurde am 19. August 1904 beschlossen, die Schiffe abzurüsten und Geschütze sowie Mannschaften zur Landverteidigung der Festung einzusetzen. Die Verteidiger kämpften verbissen, aber mangelnde Munition konnte nicht durch Tapferkeit ausgeglichen werden. Als es den Japanern am 06. Dezember gelang, den Hohen Berg einzunehmen und sie damit den gesamten Hafen überblicken und im direkten Richten beschießen konnten, war die Flotte endgültig verloren. Am 02. Januar 1905, als Port Arthur kapitulierte, lagen über 80 Schiffe auf dem Grund des Hafens.

»Die Frage der Vorherrschaft auf dem Meer – die Haupt- und Grundfrage des gegenwärtigen Krieges – ist entschieden. Die russische Pazifikflotte, die zu Be-

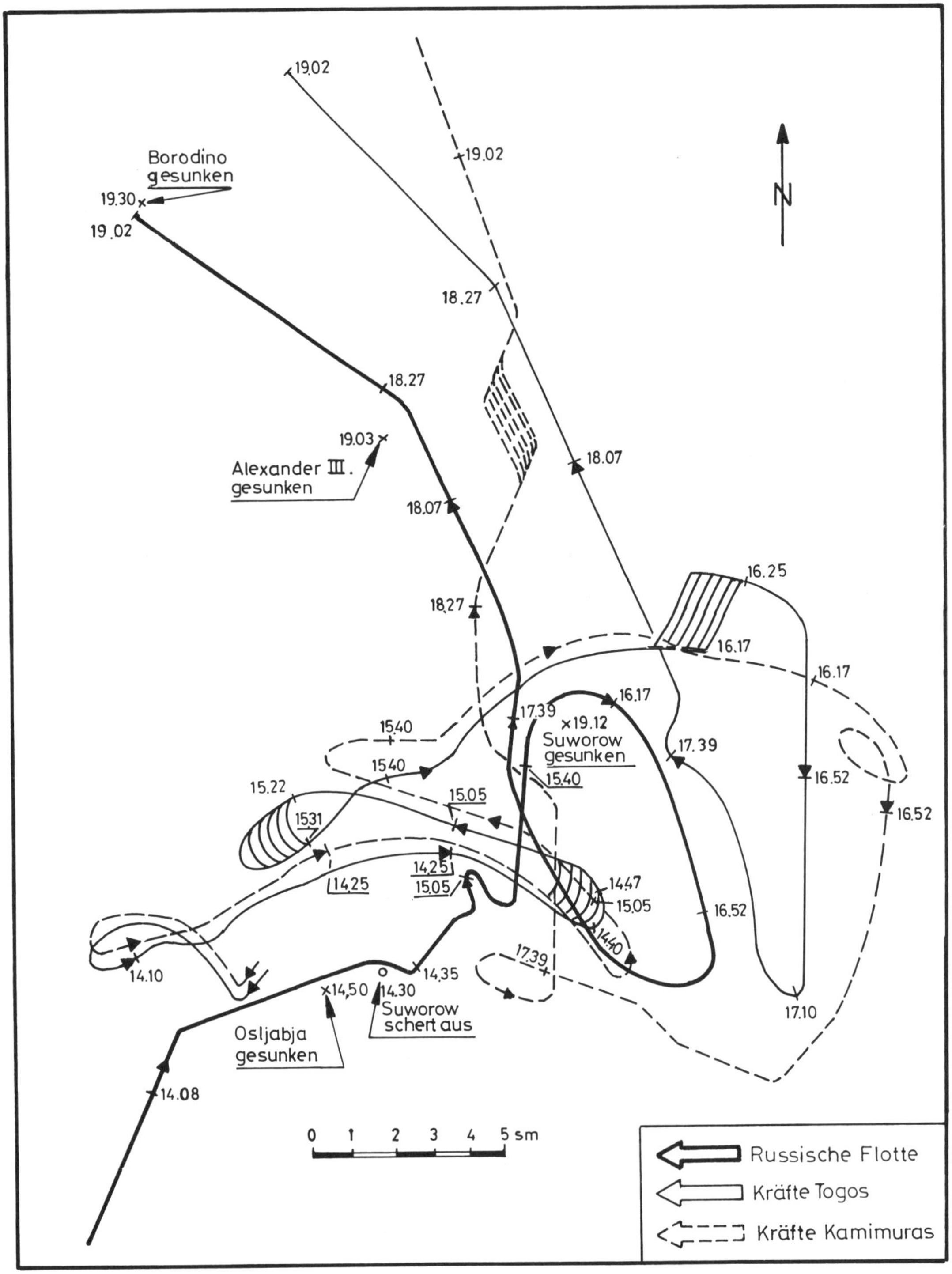

Karte 4
Kurse der russischen und japanischen Hauptkräfte am 27. Mai 1905 von 14.08 bis 19.02 Uhr

ginn des Krieges mindestens ebenso stark, wenn nicht stärker als die japanische war, ist endgültig vernichtet. Die Operationsbasis der Flotte wurde genommen, und dem Geschwader Roshestwenskis bleibt nichts übrig, als nach nutzloser Verschwendung weiterer Millionen, nach dem großen Sieg der mächtigen Panzerschiffe über englische Fischerboote, schimpflich umzukehren«, schätzte Lenin ein. Aber das sowohl innen- als auch außenpolitisch schwer angeschlagene Zarenregime kam zu anderen Schlußfolgerungen. Mit einem militärischen Sieg sollte die Lage gerettet werden.

In diesem Sinne verließ auch das III. Fernostgeschwader, unter der Führung von Konteradmiral Nebogatov, am 16. November 1904 Libau. Es rekrutierte sich aus einem Linienschiff, vier Kreuzern, fünf Torpedobooten sowie Hilfsschiffen, alles Einheiten, die zum Zeitpunkt des Auslaufens des II. Fernostgeschwaders nicht mehr fertiggestellt werden konnten. Der Wert dieser Schiffe sowie das Niveau der Ausbildung ihrer Besatzungen zeigte sich bereits auf der Überfahrt. Mehrere Schiffe havarierten und mußten zurückgelassen werden.

Roshestwenskis Aufgabe bestand nun nicht darin, in die Ostsee zurückzukehren, sondern nach Wladiwostok durchzubrechen. Jedem im Geschwader war klar, daß dazu eine Seeschlacht geschlagen werden mußte. Je eher es dazu kam, um so besser wäre es für die russische Flotte gewesen. Togo durfte keine Zeit zur Vorbereitung seiner Besatzungen und Schiffe erhalten.

Jetzt jedoch kündigte die deutsche Seite die Kohlenverträge mit der Begründung, daß für die Kohlenschiffe die Fahrt nördlich Madagaskars zu gefährlich sei. Es dauerte zwei Monate, bis dieses Problem gelöst werden konnte.

Togo hatte also genügend Zeit, um sich auf die Schlacht vorzubereiten. Dafür bewuchsen die Unterwasserteile der russischen Schiffe in den tropischen Gewässern immer mehr. Beträchtliche Geschwindigkeitsverluste waren die Folge.

Endlich, am 16. März 1905, konnte das Geschwader die Anker lichten. Durch Störungen und Kohlenübernahme auf hoher See öfters aufgehalten, bewegte es sich mit einer Durchschnittsgeschwindigkeit von knapp 6 kn quer über den Indischen Ozean.

Am Mittag des 10. Mai schloß Nebogatov auf. Das II. Fernostgeschwader bestand jetzt aus 37 Kampf- und 13 Hilfsschiffen und lief unter Zurücklassung überflüssig gewordener Transporter in Richtung Wladiwostok.

Um dahin zu gelangen, standen drei Wege zur Verfügung. Der erste führte direkt durch die Koreastraße, der zweite durch die Tsugaruseestraße, zwischen den japanischen Inseln Hokkaido und Hondo, und der dritte südlich von Sachalin durch die La Pérouse-Straße. Der erste war zwar insgesamt gesehen der kürzeste, dafür aber auch der schwierigste, denn von allen drei Wegen führte er am längsten durch das Japanische Meer. Und hier besaßen die Japaner, gestützt auf Basen im Mutterland und in Korea, die Seeherrschaft.

Der 23. Mai wurde zum Bekohlen der Schiffe genutzt. Es sollte das letzte Mal vor der Schlacht sein. Deshalb nahmen die Schiffe soviel auf, daß sie am 27. Mai, dem Tag, an dem die Schlacht erwartet wurde, 100 Prozent Kohle an Bord hatten. Viele hofften aufgrund des Kohlenvorrates, daß das Geschwader den Weg durch die La Perouse-Straße nehmen würde, aber bereits einige Monate vorher legte Petersburg die Koreastraße fest. Allerdings wußte außer Roshestwenski kaum jemand davon.

Bis jetzt hatte das Geschwader eine unbestreitbar gute seemännische Leistung vollbracht, denn noch nie wurde ein Flottenverband dieser Größe über eine solche Entfernung überführt. Ansonsten befand es sich in einer trostlosen Lage. Die Moral der Besatzungen hatte den Tiefpunkt erreicht, ihr Ausbildungsstand war trotz der langen Überfahrt gering, und die Führung des Geschwaders kann nur als mangelhaft bezeichnet werden. Roshestwenski hielt es nicht einmal für nötig, seine Unterstellten über seine Absichten zu informieren, geschweige denn, sich mit ihnen zu beraten. Seine Befehle waren sehr allgemein gehalten, so daß niemand genau wußte, wie er zu handeln hatte.

Weitere Hilfsschiffe wurden zurückgesandt und

Die japanischen Besatzungen kämpften verbissen. Für sie gab es nur eine Devise – Sieg!

Kampfschiffe zum Handelskrieg in die ostjapanischen Gewässer detachiert. Die Fahrt, an deren erfolgreiches Ende keiner im Geschwader glaubte, ging weiter.

Warum aber führte die japanische Flotte bis zu diesem Zeitpunkt keine entscheidenden Aktionen durch? Dafür gab es mehrere Gründe. Der Hauptgrund ist zweifellos in der Inaktivität der russischen Geschwader in Port Arthur und Wladiwostok zu suchen. Sie bedeuteten niemals eine reale Bedrohung der japanischen Seeverbindungen. Eine aktiv geführte Blockade des Port Arthur-Geschwaders reichte aus, um auch die schwächere Gruppierung von Wladiwostok zur Inaktivität zu zwingen. Lediglich die Vereinigung beider hätte zu ernsthafteren Problemen geführt, aber sie konnte am 10. August 1904 verhindert werden. Die Vernichtung der Flottenkräfte von Port Arthur wurde ohne Gefahr für die eigenen Kampfschiffe den Landstreitkräften überlassen. Weiterhin sah sich Togo zur Schonung der eigenen Kräfte gezwungen, denn ein im Japanischen Meer operierendes II. Fernostgeschwader hätte eine nicht zu unterschätzende Gefährdung der eigenen Seeverbindungen bedeutet. Er mußte also seine Kräfte aufsparen, um die russische Flotte so früh und gründlich wie möglich zu vernichten. Das aber konnte nur durch eine Seeschlacht geschehen.

Der japanische Flottenchef erwartete seinen Gegner in der Koreastraße. Ein zweckmäßig organisiertes Nachrichtensystem garantierte ihm jedoch, wenn nötig, seine Kräfte rechtzeitig auf die beiden anderen Wege umzugruppieren.

Insgesamt standen Togo vier Linienschiffe, 27 Kreuzer, 21 Torpedobootzerstörer, etwa 60 Torpedoboote sowie vierzehn Hilfskreuzer zur Verfügung. Die Linienschiffe lagen mit acht Kreuzern in der Douglasbucht bei Masampho. Leichte Kreuzer und andere ältere Schiffe befanden sich bei der Insel Tsushima. Die Hilfskreuzer operierten rund 50 sm südwestlich der Insel.

Am 27. Mai um 04.30 Uhr stellte einer dieser Hilfs-

Der 20 Jahre alte Kreuzer »Dmitri Donskoi« verschoß aus seinen sechs 15,2-cm- und sechs 12-cm-Geschützen ca. 1500 Granaten. Am 28. Mai gegen 18.30 Uhr wurde er von sechs japanischen Kreuzern gestellt. Nach tapferer Gegenwehr erreichte das Schiff die Insel Ullondo, wo es nach Abbergung der Besatzung zum Sinken gebracht wurde

kreuzer, die »Shinano Maru«, von den Russen unbemerkt, den Kontakt zum II. Fernostgeschwader her. Über Funk benachrichtigt, verließ Togo um 06.30 Uhr seinen Liegeplatz. Die von beiden Seiten erwartete Schlacht nahm ihren Anfang. Roshestwenski konnte in ihr acht Linienschiffe, 12 Kreuzer, einen Hilfskreuzer und neun Torpedoboote einsetzen. Zusätzlich schleppte er noch acht Hilfsschiffe mit, zu deren Dekkung unentbehrliche Kräfte abgeteilt werden mußten.

Das II. Fernostgeschwader näherte sich in doppelter Kiellinie dem Gegner an und stand zu dem Zeitpunkt, als Togo ablief, ca. 40 sm südlich von der Insel Tsushima. Um 07.00 Uhr wurde an der Steuerbordseite der japanische Kreuzer »Izumi« ausgemacht, der eine Stunde lang unbehelligt den Geschwaderbestand aufklärte. Roshestwenski verbot sogar, den Funkverkehr des Aufklärers zu stören. Gegen 09.40 Uhr wurden vier feindliche Kreuzer gesichtet. Ein Befehl zur Feuereröffnung kam nicht, dafür aber zur Umformierung in die einfache Kiellinie. Das geschah unter den Augen der japanischen Aufklärungskräfte. In dieser Situation löste sich auf der »Orjol« versehentlich ein Schuß. Weitere Schiffe eröffneten das Feuer. Die Japaner erwiderten. Nach ca. 10 Minuten stellten sie das Feuer ein und liefen ab. Schaden war keiner entstanden.

Roshestwenski ließ 11 kn laufen und 23 Grad steuern. 23 Grad hieß Wladiwostok, und dahin wollte er um jeden Preis durchbrechen.

Die Hoffnungen darauf schwanden auf ein Mindestmaß, als gegen 13.45 Uhr die japanischen Hauptkräfte in Sicht kamen. Togo erinnerte sich an Nelson und setzte den Spruch ab: »Das Schicksal des Reiches hängt von dem Ausgang dieser Schlacht ab; jeder Mann soll sein Äußerstes tun.« Gleichzeitig dachte er an seinen Manöverfehler vom 10. August 1904. Gleiches durfte nicht wieder passieren. Während Roshestwenski durch unüberlegte Befehle die Gefechtsformation fast vollständig durcheinander brachte und nur mit Mühe wieder herstellen konnte, kreuzte er mit westlichen Kursen den Voraussektor der russischen

Kiellinie. Um die Entfernung zu verringern, entschloß sich Togo zu einem riskanten Manöver. Er schwenkte in Richtung Gegner auf Gegenkurs. Die dadurch auf engstem Raum entstandene Ansammlung von Kampfschiffen bot fast 15 Minuten ein ideales Ziel.

Auf japanischer Seite warteten vier Linienschiffe und acht Kreuzer mit zusammen 16 × 30,5 cm, 26 × 20,3 cm und 108 × 15,2-cm-Geschützen auf den Feuerbefehl. Die russischen acht Linienschiffe und vier Kreuzer mit zusammen 26 × 30,5 cm, 19 × 25,4 cm und 81 × 15,2-cm-Geschützen erhielten ihn um 14.08 Uhr.

Kurz danach begannen die japanischen Geschütze zu sprechen. Ihre Bedienungen schossen schneller und genauer. Die schwarz gestrichenen russischen Schiffe mit ihren gelben Schornsteinen boten ein gutes Ziel. Als erstes wurde die »Osljabja« getroffen. Sie hatte die in einem Zinksarg verlötete Leiche des Konteradmirals Fölkersam an Bord, der bereits am 24. Mai verstorben war. Sein Tod wurde geheimgehalten und seine Flagge wehte weiter. Schwere Treffer im Bugteil machten das Schiff bewegungsunfähig. Nun ein leichtes Ziel bietend, schlugen die Granaten pausenlos in die Backbordseite ein. Das Linienschiff kenterte und verschwand 14.50 Uhr von der Wasseroberfläche.

Die Japaner dampften mit einer Geschwindigkeit von 14 kn auf. Dieser »Waffe« hatten die Russen mit ihren 9 kn nichts entgegenzusetzen. Togo nutzte das aus und ließ auf die Spitzenschiffe schießen. Roshestwenskis Flaggschiff »Suworow«, das als erstes lief, geriet unter das Feuer von vier Linienschiffen und zwei Kreuzern. Schwere Beschädigungen und Brände waren die Folge. Antennen und Signalleinen wurden zerstört. Das Geschwader konnte nicht mehr geführt werden. Die »Suworow« scherte aus dem Verband aus, sie hatte keinen Kampfwert mehr, und ihr Aussehen glich dem eines Wracks. Aber noch hielt sie sich über Wasser. Roshestwenski, bereits verwundet, verließ um 17.30 Uhr mit dem Torpedoboot »Buiny« das Schiff. Die Führung des Geschwaders gab er an Nebogatov ab.

Togo gelang es, den Strich über das »T« zu ziehen. Um auszuweichen drehten die Russen zuerst auf 50 Grad und später, kurz vor 15.00 Uhr, auf nördliche Kurse. Beide Seiten manövrierten so, daß sie möglichst Breitseitenfeuer führen konnten.

Spitzenschiff war jetzt »Alexander III.«. Es wurde gnadenlos zusammengeschossen.

Die acht russischen Hilfsschiffe liefen unter der Deckung von acht Kreuzern, einem Hilfskreuzer sowie neun Torpedobooten ca. 4 sm östlich der Hauptgruppierung, also im Feuerlee. Sie wurden von Konteradmiral Enquist geführt. 14.45 Uhr eröffneten acht japanische Kreuzer und zwei Avisos das Feuer. Als Enquist, entsprechend dem Kurs der Hauptgruppierung, ebenfalls nach Osten abdrehte, konnten die Japaner zusätzlich ein älteres Linienschiff sowie sieben Kreuzer und ein Aviso in das Gefecht einführen. Das Munitionstransportschiff »Irtysch« sank kurz nach 16.00 Uhr. Alle anderen erhielten mehr oder weniger große Beschädigungen. Nebogatov gelang es, mit vier Einheiten kurzzeitig Entlastung zu bringen. Aber auch das half nicht viel. Der verlassene Hilfskreuzer »Ural« wurde 17.40 Uhr in den Grund geschossen, »Kamschatka« sank 19.10 Uhr.

Gegen 16.35 Uhr schickte Togo seine Torpedoboote gegen die russische Hauptgruppierung zum Angriff. Er blieb im wütenden Abwehrfeuer stecken. Der japanische Flottenchef konnte es sich nun schon leisten, seine Hauptkräfte gegen 17.30 Uhr zu teilen. Mit sechs Einheiten jagte er den fliehenden Hauptkräften der Russen nach, die anderen sechs nahmen den Kampf mit den Transportern und ihrer Deckung auf.

Die Vernichtung der »Alexander III.« wurde vollendet. Das Schiff sank gegen 19.00 Uhr. Dem nunmehrigen Spitzenschiff »Borodino« erging es nicht anders. 30 Minuten später schlugen die Wellen über seinen Masten zusammen.

Nun lief Nebogatov auf »Nikolai I.« an der Spitze. Er setzte Signal: »Mir folgen«. »Orjol«, »Apraxin«, »Senjawin« und »Isumrud« schafften es. Der Rest blieb zurück.

Indessen zog Togo seine Hauptkräfte aus der Schlacht. Die Dunkelheit nutzend, griffen nun noch-

Karte 5
Überblick über die Seeschlacht von Tsushima

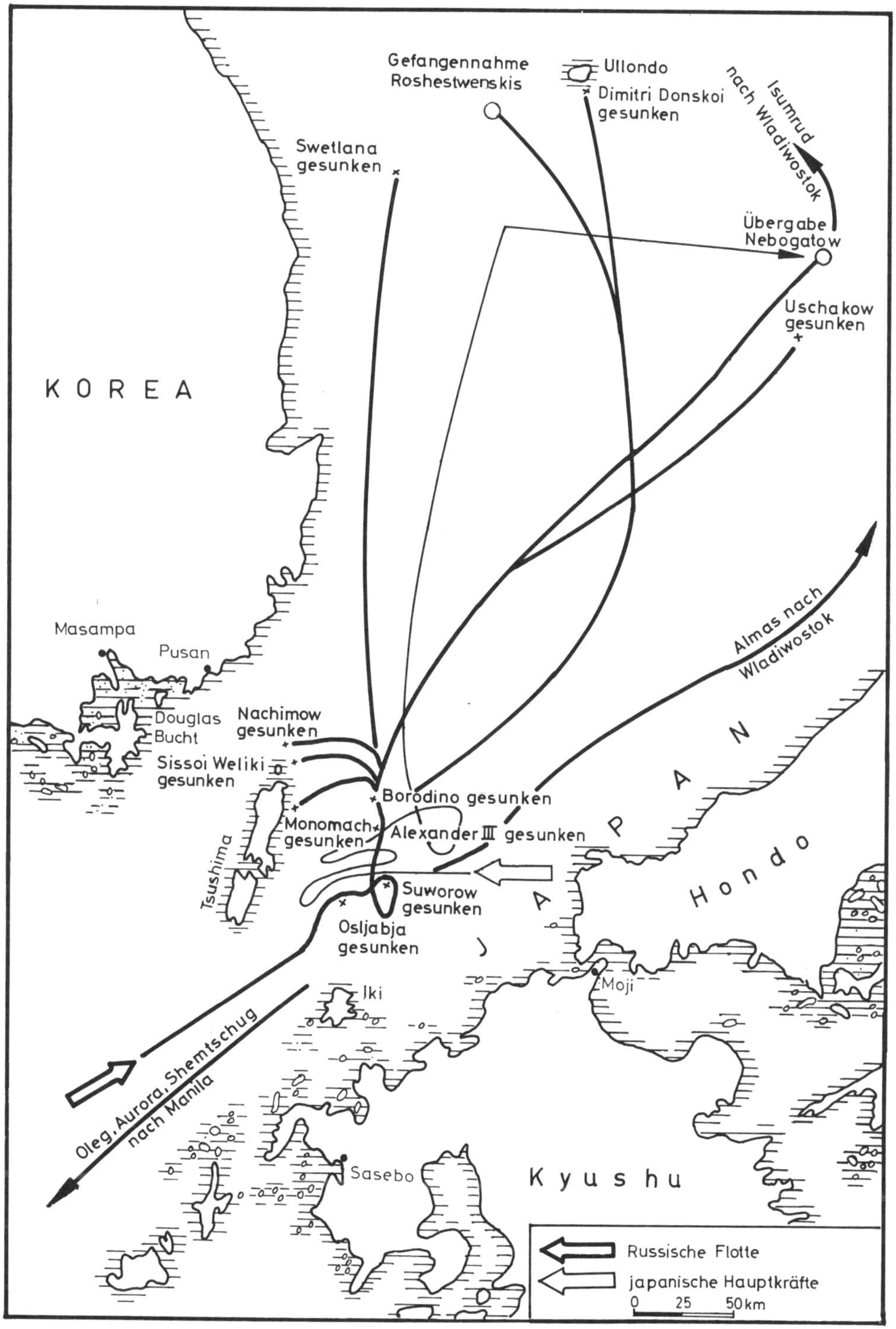

mals 58 Torpedoboote an. Die »Suworow« wurde gegen 19.20 Uhr ihr erstes Opfer. »Navarin«, »Sissoi Weliki«, »Wladimir Monomach« und »Admiral Nachimow« folgten.

Nebogatov strebte nach Norden und Enquist auf »Oleg« nach Süden. Letzteren folgten »Aurora« und »Shemtschug«. Versuche, den Kurs nach Norden zu ändern, scheiterten.

Am Morgen des 28. Mai waren die Reste des II. Fernostgeschwaders weit verstreut. Togo hatte Nebogatov mit seiner Gruppierung vollständig umstellt. Nach den ersten Schüssen ließ der russische Konteradmiral die weiße Flagge setzen. Ein Kampf der schwer angeschlagenen Schiffe war aussichtslos geworden. Lediglich »Isumrud« gelang die Flucht. Sie sollte später die Bucht von Wladiwostok erreichen und dort auf Grund laufen. Aus Furcht, daß das Schiff den Japanern in die Hände fallen könnte, wurde es von seiner kopflosen Besatzung gesprengt.

Die »Uschakow«, »Swetlana« und »Dimitri Donskoi« versenkten sich demgegenüber erst nach tapferer Gegenwehr selbst.

Enquist dampfte weiter nach Süden und erreichte Anfang Juni Manila. Lediglich der »Almas« und zwei Torpedobooten gelang es, Wladiwostok zu erreichen.

Roshestwenski hatte dieses Glück nicht. Das Torpedoboot »Buiny« brachte ihn zur »Bedowy«, die sich gegen 16.00 Uhr mit seinem Einverständnis kampflos den Japanern ergab.

Die Seeschlacht war zu Ende. »Die russische Kriegsflotte ist endgültig vernichtet. Der Krieg ist unwiderruflich verloren. Es ist jetzt nur noch eine Frage der Zeit, bis die russischen Truppen endgültig aus der Mandschurei vertrieben sind ... Wir haben nicht nur eine militärische Niederlage, sondern den vollständigen militärischen Zusammenbruch der Selbstherrschaft vor uns«, schrieb Lenin.

Der russische Admiralstab war trotz des revolutionären Aufschwungs im Lande zu solchen Schlußfolgerungen nicht in der Lage. Er suchte die Ursachen der Niederlage nicht im brüchigen System des Zarismus, sondern im mangelnden Zusammenwirken des Marineministeriums mit anderen Ministerien, in der ungenügenden Arbeit der Marineverwaltung, des Hauptmarinestabes, des technischen Komitees usw. usf. Gleichzeitig wurde gegen alle Offiziere, die sich ergeben hatten, gerichtlich vorgegangen. Die wahren Gründe für die Niederlage mußten kaschiert werden, denn sie und ihre Ursachen waren gravierend.

Es ist sicher falsch, den russischen Seeleuten mangelnde Tapferkeit vorzuwerfen. Der überwiegende Teil kämpfte mutig bis zur letzten Minute. Die Hauptursache der Niederlage, aus der sich alle anderen Gründe ergeben, liegt im Zarismus selbst. Er hatte veranlaßt, daß eine technisch und ausbildungsmäßig unzureichend vorbereitete Flotte den Weg um den halben Erdball nahm und eine Schlacht schlagen mußte. Ihr Befehlshaber ergriff während der Überfahrt kaum Maßnahmen, um zumindest die Ausbildungsmängel zu beseitigen. In das vermutliche Kampfgebiet lief er ohne Aufklärung und mit zu spät formierter Gefechtsordnung ein. Als die ersten gegnerischen Aufklärungsschiffe ausgemacht wurden, ließ er sie nicht nur unbehelligt ihre Aufgaben erfüllen, sondern lehnte es sogar noch ab, ihren Funkverkehr zu stören. Die Schlacht selbst wurde nur unter der Losung »23 Grad – Wladiwostok« und nicht »Sieg« geführt. Dadurch beraubte sich Roshestwenski selbst der Möglichkeit, die Initiative zu erringen. Schwere Führungsfehler potenzierten diesen Umstand noch. Die trotz der schlechten artilleristischen Ausbildung erzielten Treffer blieben vielfach wirkungslos, da die Granaten aufgrund eines Feuchtigkeitsgehaltes des Pulvers von 30 Prozent häufig nicht detonierten.

Die russischen Verluste waren katastrophal. Von acht Linienschiffen waren sechs gesunken und zwei den Japanern übergeben. Von 13 Kreuzern lagen sieben auf dem Grund des Meeres, zwei in japanischen und drei interniert in neutralen Häfen. Von neun Torpedobooten gingen fünf unter, eins fiel den Japanern in die Hände und eins wurde interniert. Von den acht Hilfsschiffen entkamen lediglich vier. 5000 Tote, 500 Verwundete und 6000 Gefangene waren zu beklagen.

Die Japaner mußten lediglich drei Torpedoboote

aus ihrer Flottenliste streichen. Zwei Kreuzer und drei Linienschiffe waren schwer beschädigt. 600 Tote und Verwundete wurden gezählt. Die Schiffsverluste konnten durch gehobene und genommene russische Kampfschiffe mehr als ausgeglichen werden. An der im Herbst 1905 durchgeführten japanischen Siegesparade nahmen vom ehemaligen II. Fernostgeschwader sechs Linienschiffe, fünf Kreuzer und fünf Torpedoboote unter japanischer Flagge teil.

Die Schlacht unterstrich die gewachsene Rolle und dominierende Bedeutung der Panzerschiffe zu Beginn des 20. Jahrhunderts. Von allen Admiralstäben intensiv ausgewertet, beschleunigte sie die Modernisierung der Kampfschiffe und stimulierte den Wettlauf zwischen Artillerie und Panzerung. Darüber hinaus gab sie wesentliche Impulse für die Weiterentwicklung der Flottentaktik, die dann im ersten Weltkrieg zur Anwendung kommen sollte.

Der Krieg zwischen Rußland und Japan wurde am 05. September 1905 durch den Frieden von Portsmouth beendet. Liautung wurde mit Port Arthur japanisches Pachtgebiet und Südsachalin japanisches Territorium. Japan bekam freie Hand in Korea. Beide Seiten räumten die Mandschurei und schlossen ein Handels- und Fischereiabkommen. Die Widersprüche zwischen den Kontrahenten waren damit aber nicht beseitigt.

Die im Kampf schwerbeschädigte »Orjol«, nachdem sie repariert und von der japanischen Flotte in Dienst gestellt wurde

Die Jagd auf die »Bismarck« (Mai 1941)

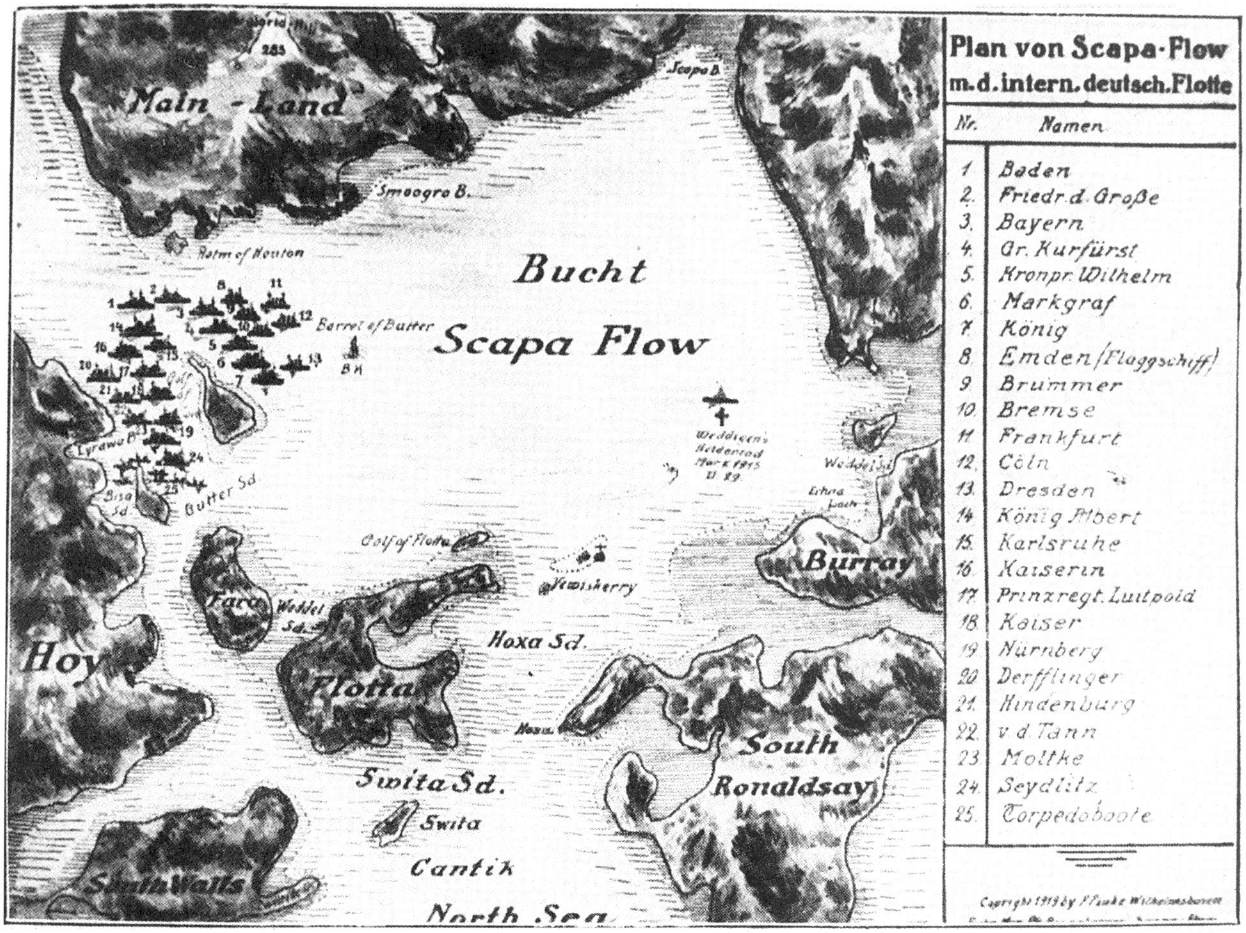

Zeitgenössischer Lageplan der internierten deutschen Flotte in Scapa Flow

Der Versuch des deutschen Imperialismus, mit dem ersten Weltkrieg 1914–1918 eine Neuaufteilung der Welt zu erzwingen, scheiterte vollständig. Aber trotz der totalen Niederlage hinterließ das deutsche Kaiserreich eine nicht unbeträchtliche Konkursmasse. Von besonderem Wert war dabei die zumindest materiell-technisch noch intakte Flotte.

Durch den am 11. November 1918 abgeschlossenen und vorerst auf 36 Tage befristeten Waffenstillstand sicherten sich die alliierten Staaten die Auslieferung von zehn Linienschiffen, sechs Panzerkreuzern, acht kleinen Kreuzern und 50 Zerstörern der modernsten Typen sowie aller U-Boote. Die anderen Schiffe sollten abgerüstet werden. Von den tatsächlich abgelieferten Kampfschiffen wurden am Mittag des 21. Juni 1919 in einer spektakulären Aktion zehn Linienschiffe, fünf große Kreuzer, fünf kleine Kreuzer und 46 Torpedoboote in Scapa Flow von ihren Besatzungen versenkt. Ein Linienschiff, drei kleine Kreuzer und vier Torpedoboote konnten von ihren Besatzungen nicht zum Sinken gebracht werden.

Der acht Tage später unterzeichnete Versailler Vertrag beinhaltete im Teil V. Festlegungen über den Bestand und die zukünftige Entwicklung der deutschen

Das Panzerschiff »Deutschland«, unter der Bezeichnung »Panzerkreuzer A« in Bau gegeben und später in »Lützow« umgetauft, nahm an der Besetzung Norwegens teil. Von dort aus führte es erfolglose Angriffe auf die alliierten Geleitzüge durch. Ende Dezember 1943 nach Deutschland verlegt, verließ es die Ostsee nicht mehr. Am 16. April 1945 wurde es bei Swinemünde durch Bombentreffer versenkt und nach dem Krieg abgewrackt

Flotte. Hintergrund dieser Bestimmungen war das Bestreben, das maritime Machtinstrument des deutschen Rivalen so zu schwächen, daß es weder der britischen noch der französischen Flotte gefährlich werden konnte, aber immer noch stark genug blieb, um in der Ostsee einen Machtfaktor darzustellen.

Mit dieser eindeutig gegen die junge Sowjetmacht gerichteten Zielstellung wurden Deutschland sechs Linienschiffe, sechs Kreuzer, 12 Zerstörer und 12 Torpedoboote oder eine gleiche Anzahl von Ersatzschiffen zugebilligt. Ein generelles Verbot galt für U-Boote und Marineflugzeuge. Die Ausrüstung mit Waffen und Munition wurde begrenzt. Vorhandene Befestigungsanlagen auf Helgoland und an der nördlich davon gelegenen Nordseeküste sowie der deutschen Ostseeküste mußten bis auf die ungefähre Höhe von Kolberg geschliffen, die weiter östlich befindlichen durften beibehalten werden. Damit sicherten sich die Alliierten den freien Zugang zur Ostsee und gleichzeitig ein Kräftepotential, das ebenfalls gegen den Osten gerichtet war. Der Personalbestand der Marine durfte nicht mehr als 15000 Mann betragen, allesamt Berufssoldaten.

Der Versailler Vertrag war ein imperialistischer Gewaltfrieden und nicht dazu angetan, die alten Widersprüche aufzuheben. Im Gegenteil, er schuf neue. Reaktionäre aller Schattierungen nutzten die ablehnende Haltung des deutschen Volkes zu ihm aus, um eigene nationalistische Ziele zu propagieren und durchzusetzen. In einer solchen Atmosphäre sowie aufgrund der zunehmenden wirtschaftlichen Stärke Deutschlands, der Inkonsequenz der Alliierten und einer Reihe weiterer Faktoren war es dem deutschen Imperialismus möglich, die Vertragsbestimmungen zu unterlaufen und im Geheimen gegen sie zu verstoßen.

Bereits unmittelbar nach der Unterzeichnung des Versailler Vertrages waren sich die führenden deutschen Marinekreise darüber einig, daß eine langfristige Konzeption zum Aufbau einer neuen und starken Flotte geschaffen werden mußte. Ausgangspunkt konnten die noch verbliebenen Flottenkräfte sein, die

Die »Hessen«, eins der sechs Linienschiffe, die Deutschland laut Versailler Vertrag zugestanden wurden, im Jahre 1929. Obwohl relativ veraltet, diente sie gemeinsam mit den anderen Einheiten der Reichsmarine zur Vorbereitung auf die große Revanche

alle der damals üblichen Klassen von Überwasserkräften umfaßten und damit gute Möglichkeiten zur Ausbildung und Modernisierung boten. Der Chef der am 26. März 1919 errichteten Admiralität, Vizeadmiral Trotha, schrieb bereits am 5. Oktober 1919 in diesem Sinne an Alfred von Tirpitz: »Alles, was jetzt zu entscheiden ist, sind Fragen, die unsere Zukunft bis in weite Ferne beeinflussen müssen.« Es kann der am 23. März 1921 gebildeten Reichsmarine nicht vorgeworfen werden, daß sie jemals diese Auffassung aus den Augen verloren hätte.

Zu lösen waren vorerst drei organisch miteinander verbundene Aufgaben. Es ging erstens um die Ausbildung der Besatzungen und Stäbe, zweitens um die Modernisierung der vorhandenen und die Beschaffung neuer Schiffe und Bewaffnung sowie drittens um die Ausarbeitung der Prinzipien des operativ-strategischen Einsatzes der Flotte.

Am leichtesten konnte die erste Aufgabe verwirklicht werden. Da Seeleute nur auf See heranzubilden sind, wurden ab 1922 die Flottenbesuche in ausländischen Häfen wieder aufgenommen. Am 30. April 1923 wurde das Segelschulschiff »Niobe« in Dienst gestellt, und ab Januar 1924 begann man mit Fernfahrten. Im Sommer 1923 nahm die Reichsmarine mit Kampfschiffen und umgebauten Kampfschiffen nautisch-hydrographische Untersuchungen auf, wobei bezeichnenderweise der Nordatlantik eine besondere Rolle spielte. Mehrere Weltreisen, ab Februar 1926 durchgeführt, bereicherten das Ausbildungsprogramm. Darüber hinaus nahmen Offiziere an Reisen von Handelsschiffen teil. Flottenmanöver und Verbandsübungen vervollständigten einerseits das Seeausbildungsprogramm und dienten andererseits der Überprüfung der in Kriegs- und Planspielen gewonnenen Ansichten.

Mit Beginn der 20er Jahre bot sich für die Reichsmarine die offizielle Möglichkeit des Neubaus von Kampfschiffen, denn der Versailler Vertrag sah vor, daß Ersatzschiffe entweder nach Verlust eines Schiffes oder für Linienschiffe und Kreuzer 20 Jahre bzw. für

Das Schlachtschiff »Scharnhorst« wurde 1934 in Bau gegeben. Obwohl der Versailler Vertrag eine Höchsttonnage von 10000 ts festlegte, war von vornherein eine Standardverdrängung von 26000 ts geplant. Tatsächlich wurde ein Maximalverdrängung von 32000 ts und nach einigen Umbauten sogar von 38900 ts erreicht. Um diese Vertragsverletzungen zu verschleiern, befahl Hitler offiziell nur von »verbesserten 10000 Tonnen« zu sprechen und die Geschwindigkeit mit 26 kn anzugeben, obwohl das Schiff 31,5 kn lief

Zerstörer und Torpedoboote 15 Jahre nach Stapellauf gebaut werden durften. Da die verbliebenen Kreuzer 1900 bis 1903 vom Stapel gelaufen waren, konnten Neubauten in Angriff genommen werden.

Als erstes Kampfschiff ging der Kreuzer »Emden« am 7. Januar 1925 ins Wasser. Bei seinem Bau wurden zur Gewichtseinsparung moderne Schweißverfahren angewendet. Gut ein Jahr später folgte mit der »Möve« der erste Torpedobootsneubau. 1930 lagen die ersten Torpedoschnellboote auf Kiel. Als erstes deutsches Kampfschiff erhielt der im Mai 1928 vom Stapel gelaufene Kreuzer »Köln« neben Turbinen auch schnellaufende Dieselmotoren als Antriebsanlage. Vorläufiger Höhepunkt war der Stapellauf des Panzerschiffes »Deutschland« drei Jahre später.

Insgesamt übernahm die Reichsmarine von 1925 bis 1929 fünf Kreuzer und zwölf Torpedoboote. Sie übertrafen die vergleichbaren Kriegsschiffe der anderen Staaten an Geschwindigkeit, Aktionsradius und Bewaffnung, da ihr Bau den neusten Erkenntnissen folgte.

Trugen diese Neubauten noch offiziellen Charakter, so mußten spezielle Gebiete der maritimen Rüstung im Geheimen betrieben werden. Die innenpolitische Situation und die Tätigkeit der Interalliierten Militärkontrollkommission, die mehr oder weniger aktiv bis Anfang Januar 1927 die Rüstung in Deutschland überwachte, ließen es in den ersten Jahren der Weimarer Republik nicht geraten erscheinen, verbotene Rüstungen im eigenen Land zu realisieren. Sie mußten in das Ausland verlegt werden. Bereits 1920 baute Japan nach deutschen Plänen und unter deutscher Anleitung U-Boote. Konstruktion, Bau sowie Erprobung von U-Booten und Torpedos wurden aber hauptsächlich nach Spanien und in die Niederlande verlagert.

Aufrüstung und Ausbildung haben natürlich nur dann einen Sinn, wenn sie auf den geplanten operativ-strategischen Einsatz der Flotte zugeschnitten sind.

Und gerade darum entbrannten heiße Diskussionen. Vorerst aber galt es, die Seekriegsgeschichte aufzuarbeiten, wobei bis in das 17. Jahrhundert zurückgegangen wurde, jedoch stand im Mittelpunkt naturgemäß der erste Weltkrieg. Hier sammelte Deutschland erstmalig selbst nennenswerte Seekriegserfahrungen und die im Dienst befindlichen Einheiten hatten ebenso daran teilgenommen wie ihre Besatzungen.

Damit beim deutschen Volk die Bereitschaft zur maritimen Wiederaufrüstung geweckt wurde, überschwemmte eine Fülle von Abhandlungen über den Seekrieg den Büchermarkt. Die »Heldentaten der deutschen Männer« auf See wurden so dargestellt, daß sich der Leser fragen mußte: Warum war Deutschland eigentlich nie eine richtige Seemacht geworden? Die Schlußfolgerung, das nächste Mal machen wir es besser, war rasch gezogen und gewollt. In der Fachpresse und auf dem Büchermarkt erschienen aber auch Arbeiten von ernst zu nehmenden Autoren. Dafür stehen solche Namen wie Groos, Wegener, Großmann, Gladisch usw. Doch auch sie untersuchten den ersten Weltkrieg fast nur vom Aspekt der Seekriegskunst aus, während Probleme der Politik und Militärpolitik wenig beachtet wurden. Ihre Schlußfolgerungen mußten deshalb meist einseitig und tendenziös bleiben.

Trotz der relativen Begrenztheit der Ansichten entwickelten sich generell gesehen zwei Auffassungen über einen zukünftigen Seekrieg. Die eine ging davon aus, daß die Generalschlacht zwischen zwei Flotten nach wie vor nichts an ihrer Bedeutung verloren hat, während die zweite schlußfolgerte, daß, um einen Sieg zu erringen, der Gegner von seinen Zufuhren abzuschneiden und so ökonomisch zu erdrosseln sei. Über beide Ansichten wurden bis zum Beginn des zweiten Weltkrieges erbitterte Auseinandersetzungen geführt. Die technische Entwicklung begünstigte jedoch mehr und mehr, daß sich die zweite Auffassung durchsetzte. Entscheidend dabei war die immer bessere Vervollkommnung des Dieselmotors, der die Schiffe von einer Bekohlung wie zu Zeiten der Seeschlacht von Tsushima unabhängig machte. Mit diesem Motor konnten Schiffe Fahrtstrecken von 15000 bis 20000 sm

Eine Arado 196 geht neben der »Graf Spee« nieder. Für die drei mitgeführten Flugzeuge stand allerdings nur ein Startkatapult zur Verfügung. Da die Maschinen wassern und anschließend von einem Kran an Bord gehievt werden mußten, war ihr Einsatz äußerst beschränkt und nur bei geringem Seegang möglich. Darüber hinaus trat eine Gefährdung des vor Stopp liegenden Schiffes auf. Deshalb wurde der Bestand an Bordflugzeugen immer mehr verringert. Von einigen Schiffen verschwanden sie vollständig

erreichen und längere Zeit, von Basen unabhängig, auf hoher See handeln. Nachteile, die sich aus der geographischen Lage Deutschlands ergaben, kompensierten sich dadurch wenigstens teilweise.

Der Neubau von Kampfschiffen stand von nun an unter der Losung: »Schneller als alles, was stärker ist und stärker als alles, was schneller ist.« Trotz aller Probleme gelang es, dieses Motto für das Einzelschiff relativ gut zu verwirklichen.

Produkt dieser Überlegungen war das Panzerschiff. Als bekanntester und erster Vertreter dieser Klasse muß das Panzerschiff »Deutschland« genannt werden, das am 19. Mai 1931 vom Stapel lief und gegen dessen Bewilligung die fortschrittlichsten Kräfte des deutschen Volkes hartnäckig gekämpft hatten. Mit seiner Typverdrängung von 11700 t und sechs 28-cm-Geschüt-

Das Schlachtschiff »Bismarck«, von 1936 bis 1940 bei Blohm & Voss in Hamburg gebaut, hier auf seiner ersten Probefahrt von achtern gesehen, hatte eine Länge von 251 m, eine Breite von 36 m und einen Tiefgang von 10,2 m. 150 700 Wellen-PS verliehen ihm eine Geschwindigkeit von 30,1 kn. Das Schlachtschiff hatte bei einer Geschwindigkeit von 16 kn eine Reichweite von 9280 sm

zen in Drillingstürmen verstieß es eindeutig gegen die Bestimmungen des Versailler Vertrages. Seine Fahrtstrecke von 21500 sm bei 19 kn und die Maximalgeschwindigkeit von 26 kn prädestinierten es eindeutig für den Handelskrieg in außereuropäischen Gewässern.

In den Jahren 1930/31 ließ die deutsche Marineführung drei Studien anfertigen. Während die ersten beiden sich mit dem Einsatz der Reichsmarine gegen Frankreich bzw. gegen Polen beschäftigten, untersuchte die dritte Probleme des Handelskrieges. Damit entstand erstmals ein operativ-strategisches Dokument, das den Einsatz der neuen Panzerschiffe, die allerdings noch nicht fertiggestellt waren, beim Schutz der eigenen und bei der Störung der gegnerischen Seeverbindungen untersuchte. Als Taktik kristallisierte sich, auch international gesehen, die sogenannte Kampfgruppentaktik heraus, wobei mehrere schlagkräftige Einheiten gemeinsam offensiv operierten. Durch Übungen überprüft, prägte dieses Dokument wesentlich die Ansichten über den zukünftigen Handelskrieg.

Zur praktischen Realisierung dieser Vorstellungen bedurfte es allerdings noch gewaltiger Rüstungsanstrengungen.

Mit der demagogischen Behauptung, Arbeitsplätze zu beschaffen, gelang es im November 1932, die Mittel für den sogenannten Umbauplan, dem bis dahin umfangreichsten Rüstungsvorhaben der Marine, zu bekommen. Die damit anvisierte Flotte sollte aus einem Flugzeugträger, sechs Linien- oder Panzerschiffen, sechs Kreuzern, sechs Zerstörer- bzw. Torpedoboot-

Die »Bismarck« beschießt am 24. 5. 1941 die »Hood«. Diese Aufnahme wurde von Bord der »Prinz Eugen« gemacht

Halbflottillen, drei U-Boot-Halbflottillen, einem Segelschulschiff und einem Sperrverband bestehen. Der Bau von U-Booten sowie die Bildung einer Marineluftwaffe wurden ausdrücklich als vordringlich bezeichnet. Die Realisierung dieses Programms sollte bis 1938 abgeschlossen sein.

Hitler übernahm eine Marine, die, gemessen an den Flotten der großen Seemächte, zwar klein, dafür aber durchweg modern war. Gegenüber der Reichswehr besaß sie einen unbestreitbaren Vorsprung im Modernisierungsgrad.

Entsprechend ihrer strategischen Zielstellung forcierten die Faschisten hauptsächlich die Aufrüstung des Heeres und der Luftwaffe. Die Marine mußte sich vorläufig mit dem begnügen, was übrig blieb. Admiral Raeder, seit 1928 Chef der Marineleitung, war klar, daß dieses Problem noch seiner Lösung harrte, und machte höhere finanzielle Forderungen geltend.

Viel Grund zum Klagen hatte er sowieso nicht, denn die maritime Aufrüstung entwickelte sich trotz allem zügig. Allein 1933 wurden die Gelder für ein Panzerschiff, einen Kreuzer, acht Flottenbegleiter, sieben TS-Boote, acht Minenräumboote und kleinere Einheiten bewilligt. Darüber hinaus begann der Bau eines 30000 t Schwimmdocks für Schlachtschiffe. 1934 erhielt die Marine bereits 487 Mio. RM und 1935 sogar 650 Mio. RM.

Mit der weiteren Entwicklung wurden den faschistischen Machthabern die Grenzen, die ihnen die internationalen Verträge bei der Aufrüstung auferlegten, zu eng. Sie fühlten sich, besonders bei der Flottenrüstung, zwar schon lange nicht mehr an sie gebunden,

jetzt kam es aber darauf an, diese Grenzen offiziell soweit wie möglich nach oben zu verlagern. Das Jahr 1935 sollte den Durchbruch bringen. Neben der Einführung der Wehrpflicht ging es dabei besonders um die Flottenrüstung.

Durch das am 18. Juni 1935 unterzeichnete deutsch-britische Flottenabkommen erhielt das faschistische Deutschland die Möglichkeit, 35 Prozent der Gesamttonnage des Britischen Commonwealth zu unterhalten. Bei den U-Booten, die vorher überhaupt nicht im Besitz sein durften, wurde sogar ein Verhältnis von 1:1 festgelegt.

Das Britische Commonwealth hatte zu diesem Zeitpunkt eine Flotte von ca. 1,2 Mill. Tonnen, Deutschland eine von 78600 Tonnen. Da es aber nun 420000 Tonnen besitzen durfte, ergab sich eine freie Kapazität von gut 341000 Tonnen.

Natürlich hatte dieser Vertrag primär eine antisowjetische Stoßrichtung, verärgerte aber auch Frankreich. Plötzlich durfte Deutschland, international abgesichert, die gleiche Flottenstärke wie sein westlicher Nachbar unterhalten. Raeder war mehr als zufrieden. »Ein wesentlich größerer Rahmen, als das Abkommen erlaubt, wäre etwa im nächsten Jahrzehnt kaum auszufüllen gewesen«, erläuterte er am 15. Juli 1935, mit Hinblick auf die deutschen ökonomischen Möglichkeiten, seinen Offizieren.

In der Marineführung festigten sich die Auffassungen über eine Kriegführung auf dem Atlantik. Die im Sommer 1938 ausgearbeitete Studie »Seekriegführung gegen England« bezeichnete eindeutig die Seeverbindungen als den verwundbarsten Punkt Großbritanniens.

Das Panzerschiff »Admiral Graf Spee«, ein Schwesternschiff der »Deutschland« und der »Admiral Scheer«, wurde am 6. Januar 1936 in Dienst gestellt und beteiligte sich aktiv an der Blockade der Spanischen Republik. Im zweiten Weltkrieg war ihr erstes Opfer der englische Dampfer »Clement«. Die daraufhin alarmierte britische Admiralität setzte sechs Flugzeugträger, zwei Schlachtschiffe, vier Schlachtkreuzer, zehn schwere und fünf leichte Kreuzer zur Jagd auf das Schiff ein. Am 13. Dezember 1939, nachdem die »Spee« neun Schiffe mit insgesamt 50081 BRT versenkt hatte, wurde sie vom schweren Kreuzer »Exeter« sowie vom leichten Kreuzer »Ajax« gestellt und zum Kampf gezwungen. Schwer beschädigt und mit dezimierten Munitionsbeständen, lief das Panzerschiff in der Nacht vom 13. zum 14. Montevideo an. Nachdem die Aufenthaltsgenehmigung von 72 Stunden abgelaufen war, sprengte die Besatzung das Schiff in der La Plata Mündung. Die aufgrund der Suchaktion aufgebrachten deutschen Frachter übertrafen die Tonnageerfolge der »Spee« bei weitem, so daß ihr Einsatz auch von diesem Gesichtspunkt aus kein Erfolg war

Diesem Gedanken folgte auch der im Januar 1939 bestätigte Z-Plan, der ursprünglich bis 1948 realisiert werden sollte. Hitler forderte aber seine Verwirklichung in sechs Jahren. Für insgesamt 33 Mrd. RM war der Bau von etwa 800 Einheiten geplant. Darunter befanden sich zehn Großkampfschiffe und Schlachtkreuzer, 15 Panzerschiffe, vier Flugzeugträger sowie fünf schwere Kreuzer. Die konsequente Durchsetzung des Dieselantriebs sollte den Atlantikeinsatz sichern.

Der Z-Plan war maßlos wie alle Pläne der Faschisten. In der Praxis kam dann auch kein einziges größeres Schiff, das im Rahmen dieses Planes auf Kiel gelegt wurde, zum Einsatz.

Mit dem faschistischen Überfall auf Polen begann am 1. September 1939 der zweite Weltkrieg. England und Frankreich erklärten zwei Tage später Deutschland den Krieg.

Trotz aller weitgesteckten Pläne war die faschistische Kriegsmarine nicht kriegsbereit. Ihr Oberbefehlshaber, Großadmiral Raeder, mußte einschätzen, daß »die deutsche Marine nicht viel mehr tun könne, als kämpfend und in Ehren unterzugehen«.

Diese Äußerung kam nicht von ungefähr, denn das Kräfteverhältnis war für die deutschen Faschisten äußerst ungünstig.

Kräfteverhältnis vom 3. September 1939

	Deutschland		Großbritannien		Frankreich	
	fertig	im Bau	fertig	im Bau	fertig	im Bau
Schlachtschiffe	2	4	15	7	7	3
Panzerschiffe	3	–	–	–	–	–
Flugzeugträger	–	2	6	6	1	2
schwere Kreuzer	1	5	15	–	7	3 (schwere und leichte Kreuzer)
leichte Kreuzer	6	–	49	19	12	
Zerstörer und Torpedoboote	32	26	184	38	71	30
U-Boote	57	40	58	24	77	14

Bereits am 4. August 1939, also fast einen Monat vor Kriegsausbruch, wurde in einem Operationsbefehl der deutschen Seekriegsleitung befohlen, die feindlichen Seeverbindungen zu unterbrechen und den Handelsverkehr mit allen Mitteln zu bekämpfen. Der Kampf mit den gegnerischen Seestreitkräften sollte nur dann geführt werden, wenn es für den Handelskrieg notwendig war.

Die Zielrichtung der Kampfhandlungen war damit nochmals eindeutig präzisiert. Dementsprechend liefen auch bereits vor Beginn der Feindseligkeiten die ersten schweren Überwassereinheiten zum Handelskrieg aus.

Um sie mit den notwendigen Gütern, wie Treibstoff, Wasser, Proviant, Munition, Ersatzteile usw., zu versorgen, war es aufgrund der fehlenden Stützpunkte notwendig, ein kompliziertes Versorgungssystem auf hoher See zu organisieren. Bemerkenswerterweise wurde deshalb bereits 1936 eine Serie von Troßschiffen zur Erfüllung dieser Aufgabe in Auftrag gegeben. Hierbei handelte es sich um die »Altmark«, »Ermland«, »Dithmarschen« und »Westerwald«, die eine Maximalverdrängung von 22500t und eine Geschwindigkeit von 21kn erreichten. Weitere speziell gebaute oder umgebaute Schiffe kamen hinzu.

Es liegt auf der Hand, daß dieses Versorgungssystem eine Achillesferse des Kreuzerkrieges war, mußten doch die Versorger die Blockade beim Aus- und Einlaufen durchbrechen, mit dem Zielschiff Kontakt aufnehmen sowie sich mit ihm treffen und im Falle eines Falles alleine verteidigen.

Der Kreuzerkrieg wurde durch die Panzerschiffe »Admiral Graf Spee« und »Deutschland« eröffnet. Als Erfolg kann dieser Einsatz nicht bezeichnet werden. Die »Deutschland«, nach dem Einlaufen in »Lützow« umbenannt, versenkte ganze zwei Schiffe mit zusammen 6962BRT. Der »Spee« gelang es, neun Schiffe mit insgesamt 50081BRT zu vernichten. Ihren Erfolg mußte sie teuer bezahlen. Von den Briten gestellt, versenkte die Besatzung am 17. Dezember 1939 das Schiff in der La-Plata-Mündung.

Bis Ende März 1941 kam es zu neun Einsätzen von schweren Überwassereinheiten, woran die Schlachtschiffe »Scharnhorst« und »Gneisenau« zweimal beteiligt waren. In diesen Einsätzen wurden 685 Einsatztage erreicht und 69 Schiffe mit 345985BRT versenkt bzw. aufgebracht. Das ergab pro Kriegstag für den Gegner einen Verlust von 603BRT. Wird berücksichtigt, daß es sich hierbei um Schiffstonnage und nicht um effektive Ladung handelt, fällt das Ergebnis noch magerer aus. Demgegenüber erreichten die U-Boote bis zu diesem Zeitpunkt im Durchschnitt ein tägliches Versenkungsergebnis von 5558BRT, also fast das Zehnfache. Auch die Luftwaffe versenkte 2,5mal soviel Schiffsraum, und selbst durch den Mineneinsatz konnte das 2,4fache erreicht werden. Die Handelskreuzer brachten es auf das 1,4fache. Selbst wohlmeinende Beobachter mußten zu dem Schluß kommen, daß der Einsatz von schweren Überwassereinheiten so uneffektiv war, daß er als gescheitert angesehen werden konnte. Dieses Argument ist auch nicht mit dem Hinweis auf den erfolgreichen Einsatz einzelner Einheiten zu entkräften, denn letztlich ging es um eine permanente Einwirkung auf die gegnerischen Seetransporte, und dazu waren die deutschen schweren Überwassereinheiten aufgrund ihrer Anzahl, der komplizierten Anmarschwege und der sich ständig verstärkenden Gegenwehr nicht in der Lage.

Die faschistische Führung und die Seekriegsleitung dachten anders. In seiner Weisung Nr. 23 vom 6. Februar 1941 unterstrich Hitler: »Ziel der weiteren Kriegführung gegen das englische Mutterland muß es ... sein, alle Mittel des See- und Luftkrieges in der Bekämpfung der feindlichen Zufuhr zusammenzufassen.« In seinem Vortrag vor Hitler am 20. April 1941 sekundierte Raeder und bezeichnete als Schwerpunkt der Seekriegführung den Kreuzerkrieg in außerheimischen Gewässern. In diesem Sinne liefen auch die Vorbereitungen für das Unternehmen »Rheinübung« an.

Der ursprüngliche Plan sah vor, das Schlachtschiff »Bismarck« und den schweren Kreuzer »Prinz Eugen« gemeinsam mit den am 23. März 1941 in Brest eingelaufenen Schlachtschiffen »Scharnhorst« und »Gneisenau« im Zusammenwirken mit U-Booten im Atlantik gegen die britischen Seetransportmittel handeln zu lassen. Damit wäre die bisher größte Kampfschiffgruppierung zur Erfüllung dieser Aufgabe zum Einsatz gelangt. Ein kurzfristig nicht zu behebender Maschinenschaden auf der »Scharnhorst« und ein Lufttorpedotreffer vom 6. April auf der »Gneisenau« sowie vier Bombentreffer, wenige Tage später erzielt, machten diese Absicht zunichte.

Obwohl der ab 18. Juni 1940 amtierende Flottenchef, Vizeadmiral Lütjens (1889–1941), von diesem nun zur Einzelaktion gewordenen Unternehmen abriet, bestand Raeder auf seiner Durchführung. Er ging davon aus, daß sich die gegnerische Abwehr ständig verbessere und daß der Kriegseintritt der USA vermutlich immer näherrücke. Aus diesen Gründen kam auch eine gemeinsame Aktion mit dem Schlachtschiff »Tirpitz«, dessen Fertigstellung für den Spätherbst oder gar Winter 1941/42 erwartet wurde, nicht in Frage.

Ein Minentreffer auf der »Prinz Eugen« zwang schließlich zur Verschiebung dieser Aktion auf Mitte Mai.

Der Operationsplan sah nun vor, die Schiffe durch den Großen Belt und die Nordsee in den Nordatlantik zu überführen, dort den Handelskrieg aufzunehmen und danach, entsprechend der Lageentwicklung, in Westfrankreich oder Deutschland einlaufen zu lassen. Zum Befehlshaber wurde Vizeadmiral Lütjens befohlen.

Um die Handlungen der Kampfgruppe sicherzustellen, entfalteten einige Tage vor ihrem Auslaufen zwei Troßschiffe und fünf Tanker in der Nordsee und im Nordatlantik. Zwei Aufklärungsschiffe bezogen im Zentralatlantik Beobachtungspositionen. Vier U-Boote, mit der Hauptaufgabe Aufklärungsangaben zu übermitteln, liefen ebenfalls rechtzeitig aus. Die Möglichkeiten zur Luftdeckung und -aufklärung waren beschränkt und in entfernten Seegebieten gleich Null.

Am Abend des 18. Mai verließen »Bismarck« und »Prinz Eugen« Gotenhafen (Gdynia). Noch in der Ostsee schlossen die Zerstörer »Eckhold«, »Z-23« und »Lody«, die Sperrbrecher »13« und »31« sowie einige Minensuchboote zur Minen-, Luft- und U-Boot-Abwehr auf. Gegen Mittag des 19. Mai sichtete der schwedische Kreuzer »Gotland« den Verband. Seine Meldung erreichte die britische Admiralität. Am 21., der deutsche Verband lag im Korsfjord bei Bergen zur Brennstoffergänzung, setzte ein rege Luftaufklärung des britischen Coastal Command ein. Die deutsche Luftaufklärung vom Vortage ergab, daß sich das Gros der Home Fleet in Scapa Flow aufhielt.

Am 21. Mai, gegen 23.00 Uhr verließ die deutsche Kampfgruppe mit Kurs Trondheim die Liegeplätze. Nicht zu spät, denn dadurch entzogen sich die Schiffe einem für diese Nacht gegen sie geplanten Luftangriff.

Aber das blieb nicht die einzige britische Aktivität. Der Oberbefehlshaber der Home Fleet, Flottenadmiral Sir John Tovey, begann die Verfolgung zu organisieren.

Laut Plan kontrollierten der schwere Kreuzer »Suffolk« die Dänemarkstraße sowie die leichten Kreuzer »Arethusa«, »Birmingham« und »Manchester« die Enge zwischen Island und den Faröer-Inseln. Der schwere Kreuzer »Norfolk« war unterwegs, um die »Suffolk« abzulösen. Da nicht klar war, welchen Weg die Bismarckgruppierung nehmen würde, liefen am 22. Mai der Schlachtkreuzer »Hood«, das nagelneue Schlachtschiff »Prince of Wales« sowie sechs Zerstörer in Richtung Hvalfjord aus, denn von hieraus war eine Unterstützung beider Bewachungsgruppierungen am besten möglich. Zusätzlich machten in Scapa Flow das Schlachtschiff »King George V.«, der Schlachtkreuzer »Repulse«, der Flugzeugträger »Victorious«, die leichten Kreuzer »Galatea«, »Aurora«, »Kenya« und »Neptune«, der Flakreuzer »Hermione« sowie fünf Zerstörer seeklar. Für den Fall eines Falles lag in Gibraltar die Force »H« mit dem Schlachtkreuzer »Renown«, dem Flugzeugträger »Ark Royal« und dem leichten Kreuzer »Sheffield« bereit. In Halifax befand sich das Schlachtschiff »Revenge«. Auch die im Nordatlantik Geleitzüge deckenden Schlachtschiffe »Rodney« und »Ramillies« konnten, falls notwendig, zur Verhinderung des Durchbruches der deutschen Gruppierung herangezogen werden.

Unterdessen entließ Lütjens auf der Höhe von Trondheim seine Sicherungskräfte und steuerte mit einer Marschfahrt von 24 bis 27 kn die Dänemarkstraße an. Er wollte den sofortigen Durchbruch wagen, denn das Wetter war ausgesprochen günstig. Regen, Schneefall und schlechte Sicht, zeitweilig bis auf 200 m heruntergehend, waren seine Verbündeten. Am 23. Mai, gegen Mittag, kam die Eisgrenze in Sicht. Um 19.22 Uhr machte die »Bismarck« Backbord voraus in einer Entfernung von 60 kbl einen Schatten aus. Die »Suffolk« hatte den Kontakt hergestellt. Eine Stunde später war auch die »Norfolk« heran.

Einige Salven der »Bismarck« vertrieben zwar die unangenehmen Aufklärer aus der unmittelbaren Nähe, aber es gelang weder den Radarkontakt zu unterbrechen noch die Informierung der britischen Kräfte zu verhindern.

Die »Hood« und »Prince of Wales« liefen mit 27 kn und Sammelkurs auf die beiden deutschen Schiffe. Als Zeitpunkt der Gefechtsberührung wurde der 24. Mai 01.40 Uhr berechnet. Der Schlachtkreuzer und das Schlachtschiff sollten ihr Feuer auf die »Bismarck« und die beiden schweren Kreuzer ihres auf die »Prinz Eugen« konzentrieren. Eine doppelte Überlegenheit war damit gesichert. Vizeadmiral Holland, der Befehlshaber des britischen Verbandes, ahnte nicht, daß Lütjens einen Formationswechsel vorgenommen hatte und damit die »Prinz Eugen« den Verband anführte. Um 05.37 Uhr bekam die »Prince of Wales« zur deutschen Gruppierung in einer Entfernung von 17 sm Radarkontakt. Die britischen Schiffe liefen in einem spitzen Winkel auf die deutsche Kiellinie zu, weil die Entfernung in kürzester Zeit auf 12 000 m verringert werden sollte. Dadurch hätten die deutschen Granaten nur den starken Seitenpanzer getroffen. Bei einer größeren Schußdistanz wäre der viel zu schwache Deckpanzer der »Hood« unter Beschuß geraten. Dafür mußte in Kauf genommen werden, daß die achteren Türme vorläufig nicht zum Einsatz kommen konnten.

Um 05.52 Uhr eröffnete die »Hood« entgegen der vorherigen Planung bereits aus einer Entfernung von

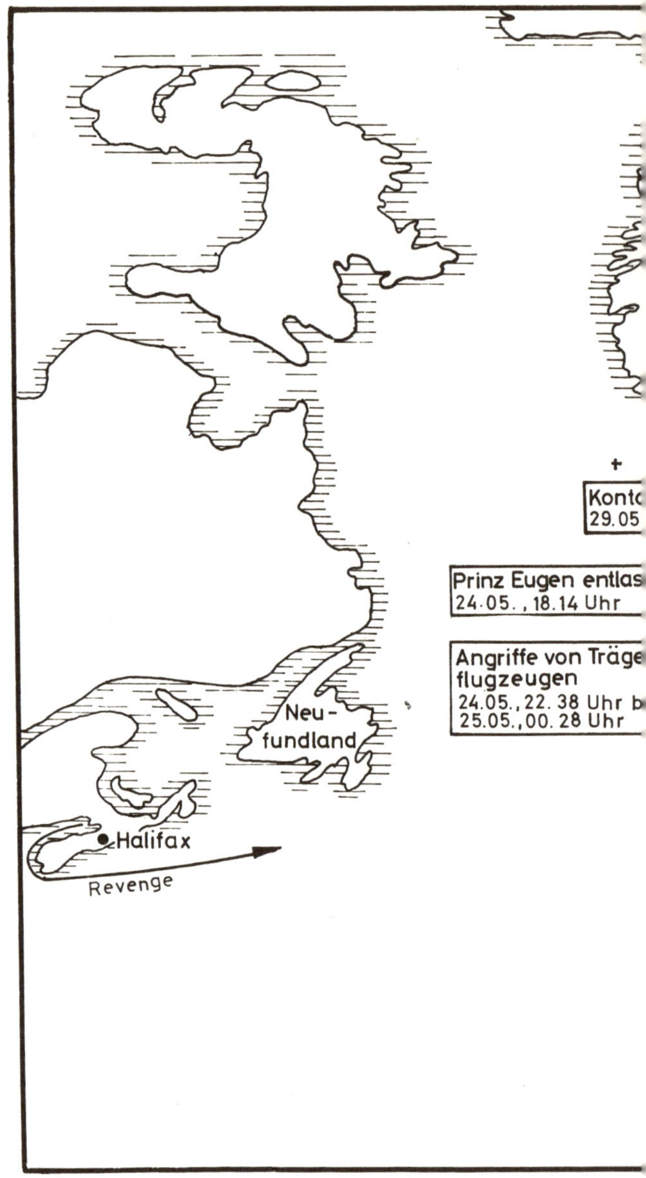

Karte 1
Operation »Rheinübung« (18. bis 27. Mai 1941)

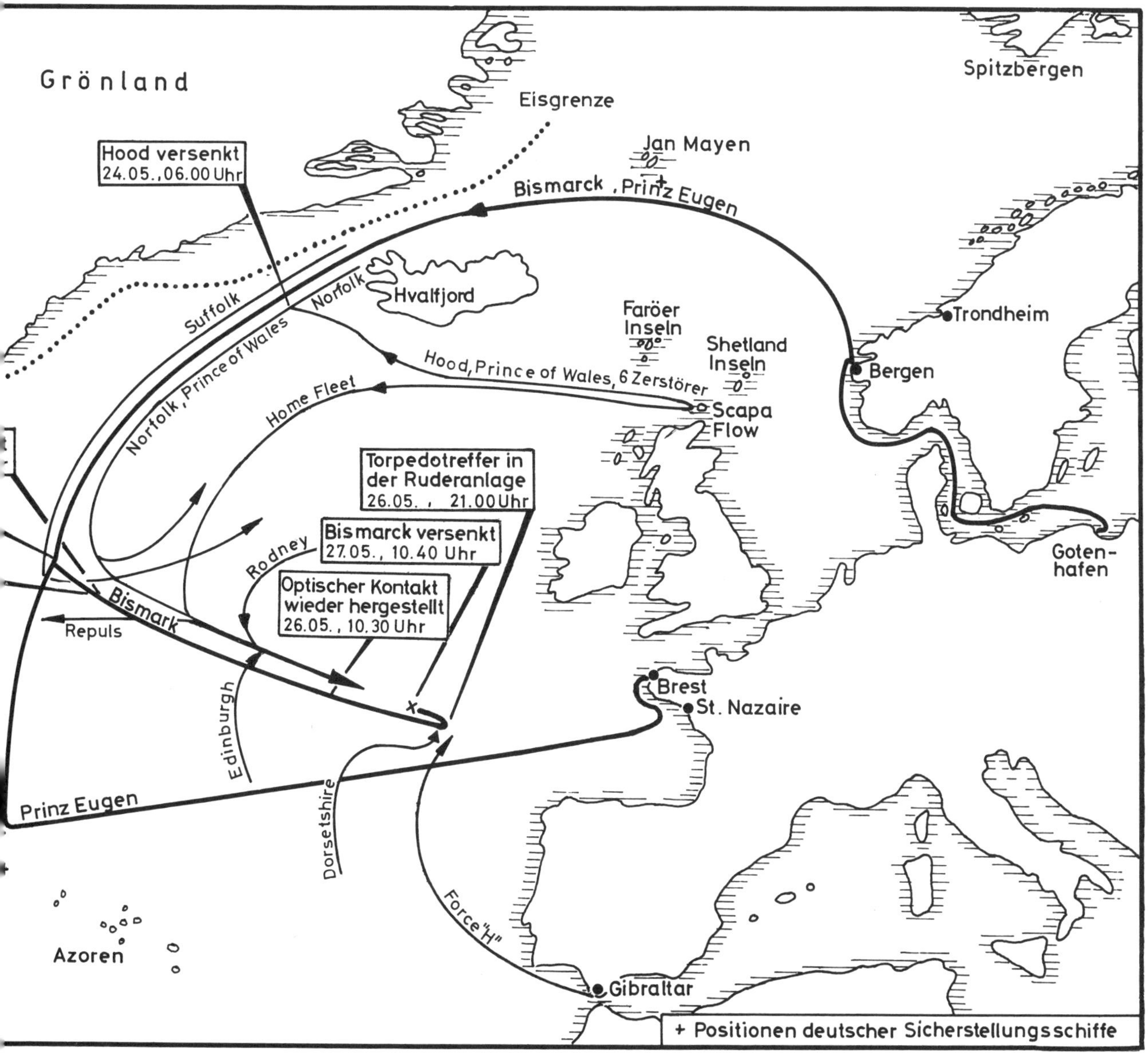

24230 m das Feuer. »Prince of Wales« folgte 30 s später. Ziel war die »Bismarck«, deren Position im letzten Moment richtig erkannt wurde. Da die Entfernung für die »Suffolk« und »Norfolk« zum Eingreifen noch zu groß war, nahmen sie nicht an diesem Gefecht teil.

»Bismarck« und »Prinz Eugen« antworteten um 05.55 Uhr. Ziel war die »Hood«. Die erste Salve lag zu kurz, die zweite zu weit, die dritte deckend. Der deutsche schwere Kreuzer erzielte eine nicht mehr rekonstruierbare Anzahl von Treffern. Um 06.00 Uhr lag die fünfte Salve der »Bismark« deckend. In der Nähe des Großmastes schoß eine Stichflamme empor. Die nach-

Flottenadmiral Sir John Tovey lehnte die Forderung Churchills ab, die Kommandanten der »Prince of Wales« und »Norfolk«, da sie nach der Versenkung der »Hood« die »Bismarck« nicht allein angriffen, vor ein Kriegsgericht zu bringen

folgende Explosion zerriß die »Hood«, den Stolz der britischen Flotte, in zwei Teile. Von 1418 Mann überlebten nur drei. Die folgende Feuerverlegung brachte der »Prince of Wales« sieben Treffer ein. Um 06.13 Uhr brach sie das Gefecht ab und beschattete gemeinsam mit der »Suffolk« und »Norfolk« den Verband weiter.

Aber auch die »Bismarck«, die bisher 93 Granaten der schweren Artillerie verschossen hatte, kam nicht ungeschoren davon. Von drei Treffern zerstörte einer zwei Brennstofftanks. Selbst ein Schiff, das Stunden später den Kurs des Schlachtschiffes achtern kreuzte, mußte die entstandene Ölspur sehen und brauchte ihr nur zu folgen. An gedeckte Handlungen, zumal durch die Treffer auch noch ein Geschwindigkeitsverlust eintrat, war nun nicht mehr zu denken. Außerdem kam es zu einem ständigen Brennstoffverlust.

Lütjens entschloß sich deshalb um 08.00 Uhr zum Abbruch des Unternehmens, um nach St. Nazaire, dem einzigen Hafen, der ein Trockendock zur Reparatur der »Bismarck« besaß, abzulaufen.

In der Zwischenzeit sammelte Tovey die verbliebenen Kräfte der Home Fleet. »King George V.«, »Repulse«, »Victorious«, vier Kreuzer und neun Zerstörer standen von der »Bismarck« 330 sm in SO, »Rodney«, »Ramillies« und drei Zerstörer verließen ihre Geleitzüge, der leichte Kreuzer »Edinburgh« schloß heran, und die »Revenge« lief aus Halifax aus. Die Force »H« mit »Renown«, »Ark Royal« und »Sheffield« verließ Gibraltar. Der schwere Kreuzer »Dorsetshire« und fünf Zerstörer wurden von ihren Geleitzügen abberufen.

Indes bewegte sich Lütjens mit seinem Verband weiter nach Süden. Ein Absetzen von den Verfolgern schien bei Tageslicht aussichtslos. Erst 18.14 Uhr trennte sich »Prinz Eugen« vom Führerschiff und verschwand in den Weiten des Atlantiks. 10 Tage später lief sie unbeschädigt, aber auch ohne Gefechtserfolge in Brest ein.

Noch war das Netz nicht so eng geknüpft, um ein Entkommen der »Bismarck«, die nur noch 20 kn laufen konnte, zu verhindern. Tovey entschloß sich deshalb, durch einen Luftangriff die Geschwindigkeit des Schlachtschiffes weiter herabzusetzen. Der erste Angriff durch Flugzeuge der »Victorious« konnte gegen 22.38 Uhr abgeschlagen werden. Der zweite vom 25. Mai 00.28 Uhr führte zu einem Torpedotreffer, der aber keinen Schaden anrichtete.

Gegen 03.06 Uhr verloren die britischen Fühlungs-

Der Schlachtkreuzer »Hood« war zu Beginn des zweiten Weltkrieges das größte Kriegsschiff der Welt. Im November 1939 und im März 1941 beteiligte sich die »Hood« an der vergeblichen Suche nach der »Scharnhorst« und »Gneisenau«. Als Flaggschiff der Force »H« beschoß der Schlachtkreuzer am 3. Juli 1940 gemeinsam mit anderen britischen Einheiten ein französisches Geschwader in Mers-el-Kebir. Um eine Geschwindigkeit von über 30 kn zu erreichen, wurde die Deckspanzerung erheblich reduziert, was höchstwahrscheinlich ursächlich zur Vernichtung des Schiffes führte. Die durchgeschlagenen Granaten riefen vermutlich eine Explosion der achteren Munitionskammer hervor

halter den Kontakt zur »Bismarck« und konnten ihn trotz aller Bemühungen nicht mehr herstellen. Die britische Führung organisierte nun eine hektische und vorerst erfolglose Suche.

Lütjens, der von alledem nichts ahnte, setzte gegen 07.00 Uhr einen Funkspruch ab. Britische Peilstationen fingen ihn auf und ermittelten die richtige Peilung. Ein Navigationsoffizier wertete sie falsch aus und trug die Position zu weit nördlich ein. Daraufhin kam Tovey zu dem Schluß, daß Lütjens auf die Straße zwischen Island und den Faröer-Inseln zuhielt. Die Suche verlagerte sich kurzzeitig nach NO und mußte erfolglos bleiben, da die »Bismarck« in Richtung St. Nazaire dampfte.

Erst am 26. Mai um 10.30 Uhr wurde sie rund 700 sm westlich von Brest mit Südostkurs durch ein Catalina-Flugboot des Coastal Command wieder gesichtet. Jetzt war Eile geboten, denn das Schlachtschiff näherte sich der Handelszone der deutschen Luftwaffe und der von U-Booten. Zudem verknappte sich bei einigen Kampfschiffen der Treibstoff, und der Wind nahm zu. Ein Großteil der Einheiten stand in einer so ungünstigen Position, daß sie die »Bismarck« nicht mehr erreichen konnten. Effektiv war nur noch die Force »H« einsetzbar. Sofort starteten Swordfish-Flugzeuge von der »Ark Royal«, um den Kontakt herzustellen. Seine Auswertung ergab, daß die Geschwindigkeit des deutschen Schiffes herabgesetzt werden mußte, um die notwendigen Einheiten zu seiner Vernichtung heranzuführen.

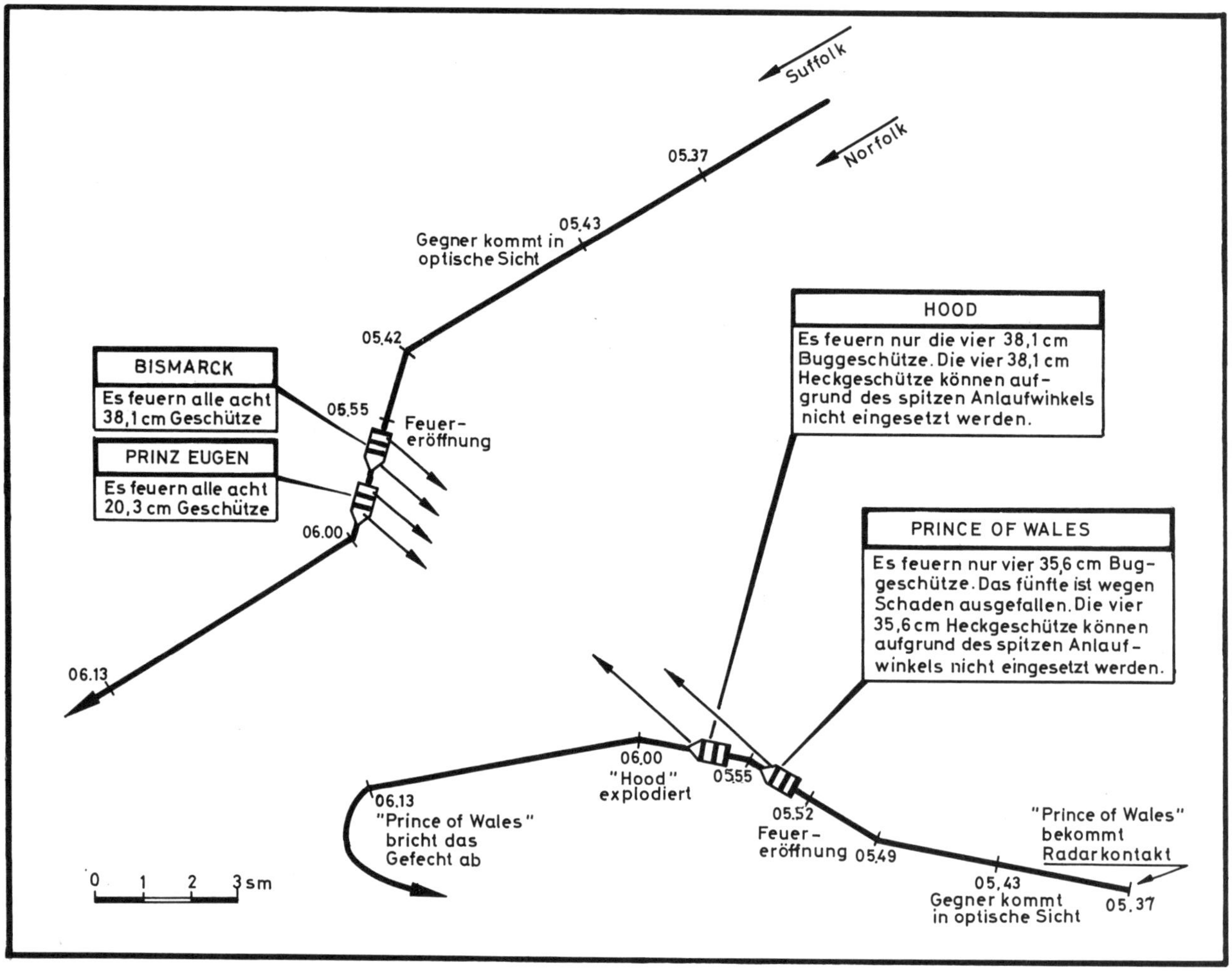

Karte 2
Die Vernichtung des britischen Schlachtkreuzers »Hood« am 24. Mai 1941

Währenddessen lief die »Sheffield« mit Höchstfahrt, um ebenfalls den Kontakt herzustellen. Auf der »Ark Royal« machten die Mannschaften 14 Torpedoflugzeuge einsatzklar. Trotz komplizierter Wetterlage gelang der Start. Ohne das Ziel genau zu klassifizieren, klinkten die Piloten die Torpedos aus. Sekunden später erkannten sie, daß ihre Torpedos nicht auf die »Bismarck«, sondern auf die »Sheffield« zuliefen. Energische Ausweichmanöver und versagende Magnetzünder retteten den leichten Kreuzer.

Gegen 21.00 Uhr fand der zweite Torpedoangriff statt, diesmal mit 15 Maschinen. Er verlief trotz des heftigen Abwehrfeuers erfolgreich. Von 13 auf Kontaktzündung umgerüsteten Torpedos trafen zwei. Einer zerstörte die Ruderanlage und die Ruder verklemmten sich bei 10 Grad Backbord.

Damit war das Schicksal der »Bismarck« besiegelt. Sie konnte nur noch mit den Maschinen gesteuert werden und mußte gegen die See angehen, um achtern weitere Wassereinbrüche zu vermeiden. Gegen die

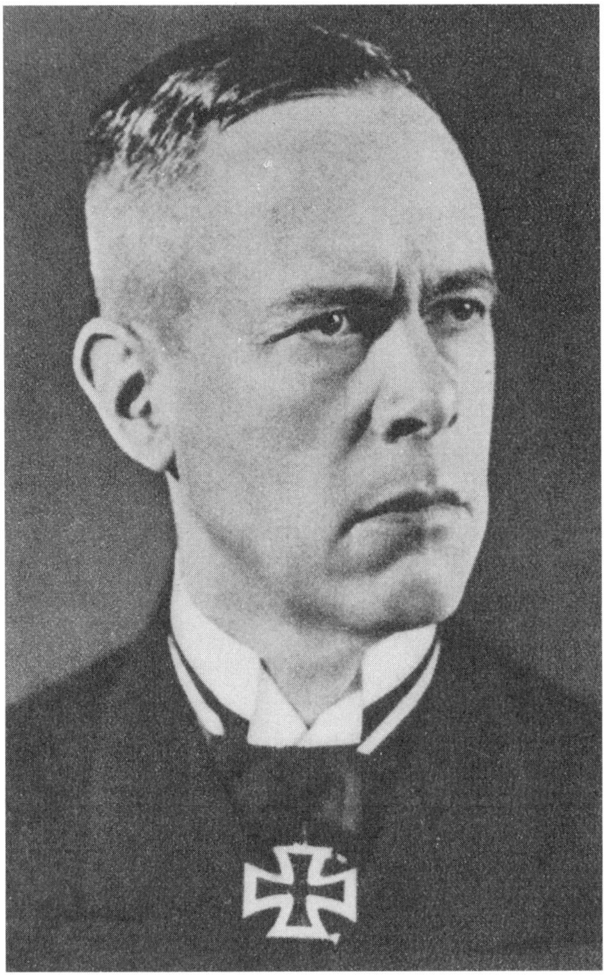

Vizeadmiral Günther Lütjens rückte wegen seiner faschistischen Überzeugung schnell die Stufenleiter nach oben. Seit 1937 Führer der Torpedoboote, wurde er bereits 1939 Befehlshaber der Aufklärungsstreitkräfte. Von November 1940 bis März 1941 führte er, nun schon Flottenchef, die Schlachtschiffe »Scharnhorst« und »Gneisenau« bei ihren Einsätzen im Nordatlantik

See hieß aber den britischen Jägern, die vorher nicht mehr herangekommen wären, genau vor die Rohre zu laufen.

Auf Hilfe konnte nicht gerechnet werden, da sich das Gebiet noch außerhalb der Reichweite der deutschen Luftwaffe befand. Die sechs anlaufenden deutschen U-Boote, von denen nur vier Torpedos an Bord hatten, standen zu weit weg und hätten das Blatt, selbst wenn sie herangekommen wären, auch nicht wenden können. 21.40 Uhr funkte Lütjens, dem die aussichtslose Lage klar war: »Wir kämpfen bis zur letzten Granate.« Damit gab er 2400 Mann dem Tode preis. Hitler antwortete: »Was noch geschehen kann, wird getan.« Es konnte aber nichts Entscheidendes mehr getan werden.

Unterdessen näherten sich fünf Zerstörer dem weidwund geschlagenen Schiff. Ihre nächtlichen Torpedoangriffe blieben im Abwehrfeuer liegen.

Am Morgen des 27. Mai begannen »King George V.«, »Rodney«, »Dorsetshire« und »Norfolk« den Angriff auf das nur noch 8 kn laufende Schlachtschiff. Um 08.48 Uhr eröffneten sie auf einer Entfernung von rund 20000 m das Feuer. Die »Bismarck« antwortete mit gut liegenden Salven. Als sie aber einen Treffer im Artillerieleitstand erhielt, sank die Genauigkeit ihres Abwehrfeuers erheblich. Treffer auf Treffer schlug in das Schiff ein. Ein Turm nach dem anderen fiel aus. Das Schiff verlor vollständig an Fahrt und stellte 10.00 Uhr das Feuer ein, die britischen Schiffe 15 Minuten später. Sie schossen schlecht. Die »King George V.« verbrauchte 339 35,6-cm-Granaten und die »Rodney« 380 40,6-cm-Granaten, wie Tovey, Augenzeuge des Kampfes, empört feststellte.

Nun feuerte die »Dorsetshire« ihre Torpedos. Drei trafen. Gleichzeitig wurden auf der »Bismarck« Sprengsätze gezündet. Das Schiff legte sich um 10.36 Uhr nach Backbord und versank mit dem Heck voran um 10.40 Uhr. Lediglich 115 Mann konnten gerettet werden.

Das Unternehmen »Rheinübung« und mit ihm der gesamte Handelskrieg der schweren deutschen Überwasserkampfschiffe war gescheitert. Ein gesetzmäßiger Vorgang, denn in der Seekriegskunst begann eine neue Entwicklungsetappe, der die deutsche Seekriegsleitung nicht gewachsen war.

Das Hauptmerkmal dieser Etappe bestand in der wachsenden Bedeutung der Fliegerkräfte. Das hatten die Briten erkannt, deren Fliegerkräfte von Anfang an aktiv handelten. Durch ihre Aufklärungsflüge machten sie den Verband aus und entdeckten ihn im Nord-

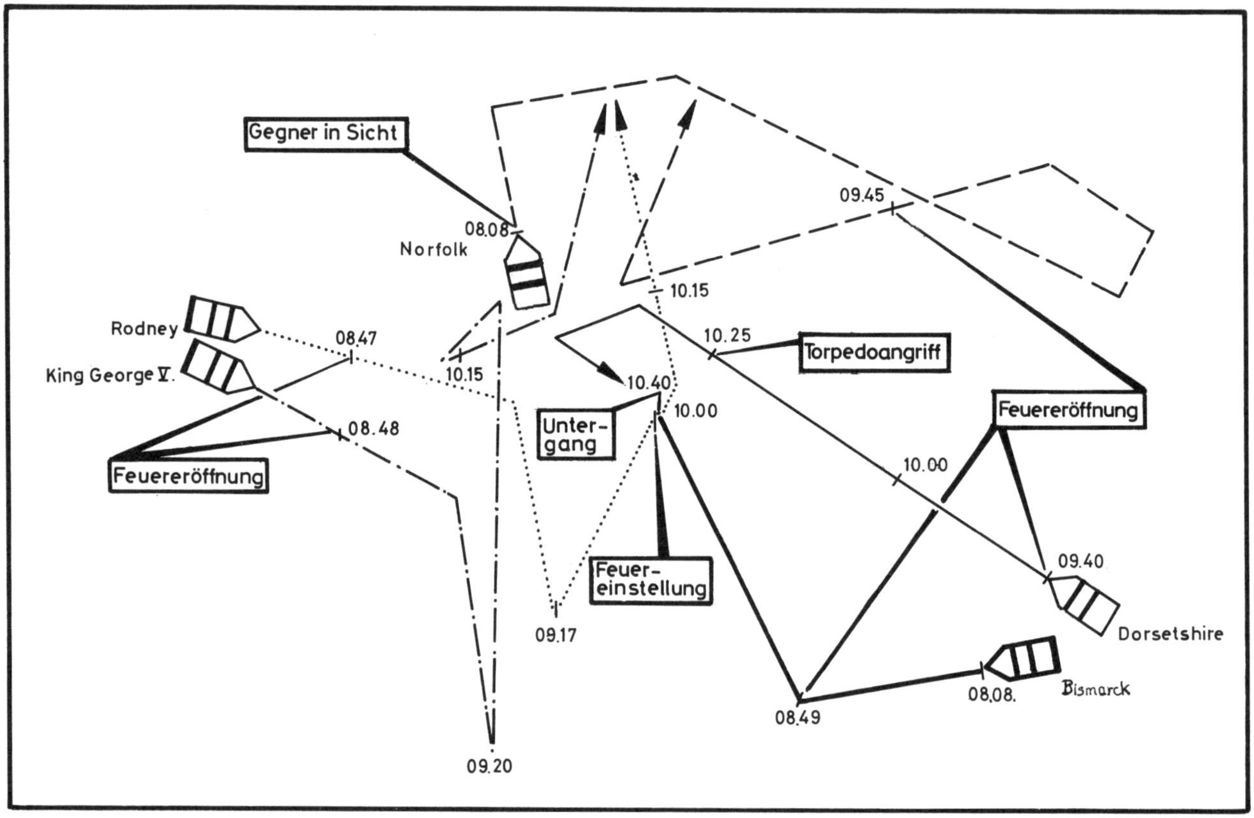

Karte 3
Die Vernichtung des deutschen Schlachtschiffes »Bismarck« am 27. Mai 1941

atlantik wieder. Schließlich führten sie den entscheidenden Schlag. Dabei konnte die Flottenführung nicht nur land-, sondern auch bordgestützte Fliegerkräfte einsetzen. Dem hatte Raeder nichts Gleichwertiges entgegenzusetzen. Die deutsche Luftaufklärung war nicht in der Lage, die Handlungsgebiete ihrer beiden Kampfschiffe lückenlos zu überwachen, ja sie bemerkte nicht einmal die Entfaltung der britischen Flottenkräfte. Dadurch war der deutsche Flottenchef gezwungen, blind zu handeln. Rechtzeitige Ausweichmanöver konnten aus Unkenntnis der Gesamtlage nicht eingeleitet werden. Zu einem Schlag der deutschen Fernfliegerkräfte auf die britische Flotte kam es erst, als die Engländer bereits auf dem Rückmarsch waren. Dafür dem Wetter die Schuld zu geben ist unsinnig, denn die Briten flogen auch, und das mit wesentlich kleineren Maschinen. Am 6. Juni 1941 stellte Raeder bei einem Lagevortrag vor Hitler auf dem Berghof sich selbst die Frage, was geschehen wäre, wenn die »Bismarck« einen Flugzeugträger zur Verfügung gehabt hätte. Diese Fragestellung mußte hypothetisch bleiben, denn der Flugzeugträgerbau war in völliger Verkennung der Entwicklung eingestellt worden.

Ein weiteres Merkmal der neuen Entwicklung war der Einsatz von Radargeräten. Die deutschen Schiffe verfügten über sie, und der Einsatz auf den britischen wurde erwartet. Als es aber beim Unternehmen

»Rheinübung« dazu kam, wußte man kein Mittel dagegen und war völlig überrascht. Jetzt war der Nebel nicht mehr Verbündeter beim Durchbruch.

Eine weitere Ursache für das Scheitern des Handelskrieges der Überwasserkampfschiffe war das sich ständig zu Ungunsten der Kriegsmarine verändernde Kräfteverhältnis. Es resultierte daraus, daß die materiellen Mittel zukünftig an der deutsch-sowjetischen Front gebraucht wurden. Für die Flotte blieb immer weniger übrig.

Bereits vor dem Unternehmen war die Verwundbarkeit des Versorgungssystems offensichtlich. Es konnte unter den neuen Bedingungen von den Engländern fast vollständig zerschlagen werden. Neun Sicherstellungskräfte wurden außer Gefecht gesetzt, nur vier Fahrzeugen gelang die Rückkehr. Ein solches Versorgungssystem konnte aus Mangel an Kräften nicht wieder aufgebaut werden, im Gegenteil, was noch vorhanden war, wurde weiter systematisch vernichtet. Dieser Umstand trug ebenfalls wesentlich zum Zusammenbruch des Einsatzes schwerer Überwassereinheiten bei.

Zu solchen Schlußfolgerungen kam Raeder nicht. In dem obengenannten Vortrag vor Hitler verlangte er zwar die Überprüfung der Einsatzgrundsätze der Überwasserkräfte im Handelskrieg, aber gleichzeitig auch Trondheim, westfranzösische Häfen, ja sogar Ferrol und Dakar als Stützpunkte zu seiner Fortsetzung. Seiner Meinung nach war der Einsatz von Schlachtschiffen und Kreuzern im Handelskrieg nicht falsch.

In der sogenannten »Juli-Denkschrift« von 1941 forderte die Seekriegsleitung sogar ausdrücklich die grundsätzliche Weiterführung des Handelskrieges mit Überwassereinheiten.

Bei den überlieferten Tatsachen ist schwer zu entscheiden, ob diese Gedankengänge von Blindheit oder Dogmatismus bestimmt wurden. Die gleiche Frage drängt sich bei Raeders Schlußfolgerungen auf, durch den Einsatz von Flugzeugträgern und Radargeräten habe sich bei der Versorgung der Kräfte in See nichts Grundsätzliches geändert. Derart plante er auch weitere Einsätze, die allerdings aufgrund der konkreten Lage nicht mehr zu verwirklichen waren.

Von der Besatzung der »Bismarck« konnten 115 Mann gerettet werden. 85 nahm der schwere Kreuzer »Dorsetshire« (hier im Bild) und 25 der Zerstörer »Maori« auf. Das deutsche U-Boot »U-74« fischte drei Mann und das Wetterschiff »Sachsenwald« zwei aus dem Wasser

Kleines Lexikon

Aviso Kleines schnelles Kampfschiff zur Lösung von Aufklärungs-, Vorposten-, Melde- und Verbindungsaufgaben sowie zur Depeschen- und Nachrichtenübermittlung.

Back Aufbau auf dem Vorschiff.

Backbord Linke Seite eines Schiffes, vom Heck nach vorn gesehen.

bereifte Kanone Geschütz, bei dem das Rohr durch außen angebrachte Reifen verstärkt ist.

detachieren Entsenden von ein oder mehreren Schiffen zur Erfüllung von Aufgaben, die sie getrennt von der Flotte (Verband, Geschwader usw.), aber in deren Interesse lösen.

Dwarslinie Formation von Schiffen, bei der mehrere Schiffe auf gleichem Kurs und auf gleicher Höhe bei festgelegtem seitlichem Abstand nebeneinander laufen.

Enfilierfeuer Breitseitenfeuer, das von vorn oder achtern in die Längsachse des gegnerischen Schiffes geführt wird.

Feuerlee Position hinter sich gegenseitig beschießenden Schiffen.

Flaggschiff Schiff, auf dem sich der Kommandierende befindet.

Fleute Dreimastiges Frachtschiff des 16. bis 18. Jahrhunderts.

Galeere Ruderfahrzeug des 10. bis 18. Jahrhunderts mit bis zu 30 Riemen an jeder Bordseite, die von jeweils 5 bis 6 Mann bedient wurden. Sie konnte bis zu drei Masten mit Latinersegel fahren. Die Artillerie befand sich hauptsächlich im Bug und Heck. Die Wasserverdrängung betrug ca. 200 t.

Gelasse (Galeasse) Schweres Ruderfahrzeug des 16. und 17. Jahrhunderts mit bis zu 30 Riemen an jeder Bordseite, die jeweils von 5 bis 8 Mann bedient wurden. Sie konnte bis zu drei Masten fahren. Die Artillerie war wie bei den Galeeren aufgestellt, aber zahlenmäßig umfangreicher und hatte größere Kaliber. Die Wasserverdrängung schwankte zwischen 600 und 1000 t.

Halbmondformation Dwarslinie, bei der die beiden Flügel zurückgebogen sind.

halsen Segelmanöver, bei dem das Fahrzeug mit dem Heck durch den Wind geht.

Kiellinie Formation von Schiffen, bei der diese mit gleichem Abstand hintereinander laufen.

kn Knoten. Geschwindigkeit eines Schiffes in Seemeilen pro Stunde.

Lee Dem Wind abgekehrte Seite.

Leeposition Position, die in bezug auf den Gegner auf der dem Wind abgekehrten Seite liegt.

Luv Dem Wind zugekehrte Seite.

Luvposition, Position, die in bezug auf den Gegner auf der dem Wind zugekehrten Seite liegt.

Mêlée Schiffsgemenge. Unkoordinierter und ungeordneter Kampf von Schiffen untereinander nach Auflösung der Gefechtsformation.

Prise Aufgebrachtes und weggenommenes gegnerisches Schiff mit seiner Ladung bzw. Transportschiff eines neutralen Staates, wenn es verbotene Waren für den Gegner an Bord hat oder ihm auf andere Weise Dienst leistet.

Reede Wasserfläche, die aufgrund ihrer Ausdehnung und Wassertiefe sowie eines guten Ankergrundes ein sicheres Liegen von Schiffen vor Anker oder an Bojen gewährleistet.

Samurai (jap.: Diensttuender). Militärischer Gefolgsmann in Japan. Beherrschten bis 1871 Land und Volk. Trotz Verlusts ihrer Standesprivilegien lenkten sie noch lange Zeit die Geschicke des Landes. Ihr kriegerischer Geist und Ehrenkodex haben wesentlichen japanischen Nationalcharakter geprägt.

sm Seemeile. Nautisches Längenmaß. Entspricht 1852 m.

Staffel (Steuerbord oder Backbord) Formation von Schiffen, bei der sie in einem bestimmten Winkel nach Backbord oder Steuerbord zum Führerschiff laufen.

Steuerbord Rechte Seite eines Schiffes, vom Heck nach vorn gesehen.

Stückpforte Öffnung in der Bordwand eines Segelkriegsschiffes, durch die die Geschütze herausragen. Sie konnte durch Lukendeckel geschlossen werden.

LITERATUR-AUSWAHL

1. Der Untergang der Armada

- Cochenhausen, Schicksalsschlachten der Völker, Leipzig 1937.
- Heichen, W., Entscheidungsschlachten der Weltgeschichte, Altenburg 1915.
- Howard, Frank, Segel-Kriegsschiffe 1400–1860, München 1983.
- Lakowski, R., Die Katastrophe der Armada 1588. In: Militärgeschichte 3/82, S. 318 ff.
- Marx, K., Engels, F., Armada. In MEW, Bd. 14, Berlin 1974, S. 164 ff.
- Mordal, J., 25 Jahrhunderte Seekrieg, München 1963.
- Rittmeyer, R., Seekriege und Seekriegswesen, Bd. 1, Berlin 1907.
- Seewald, R., Die großen Seeschlachten, Memmingen 1978.
- Treue, W., Invasionen 1066–1944, Darmstadt 1955.
- Warner, O., Große Seeschlachten, Oldenburg/Hamburg 1963.

2. Die Seeschlacht von Trafalgar

- Bradford, E., Nelson, Berlin (West) 1977.
- Fournier, A., Napoleon I., Wien/Leipzig 1904/1906.
- Mahan, A. T., Die Seeschlachten bei Abukir und Trafalgar, Berlin 1936.
- Maine, R., Internationale Flottengeschichte, Bd. 1, Oldenburg/München/Hamburg 1979.
- Maltzahn, K., Theorie und Praxis in der Schlacht von Trafalgar. In: Marinerundschau Juli–Dez. 1904. S. 887 ff.
- Maltzahn, K., Nelson in der Schlacht von Trafalgar. In: Marinerundschau Jan.–Juni 1906, S. 259 ff.
- Markov, W., Helmert, H., Schlachten der Weltgeschichte, Leipzig 1983.
- Nelsons Taktik in der Trafalgarschlacht. In: Marinerundschau Juli–Dez. 1905, S. 1467 ff.
- Stenzel, A., Seekriegsgeschichte, Bd. 4, Hannover/Leipzig 1911.
- Tarle, E., Napoleon, Berlin 1970.

3. Die Seeschlacht von Tsushima

- Der japanisch-russische Seekrieg (jap. Admiralstab), Bd. 1–3, Berlin 1911.
- Der russisch-japanische Krieg (russ. Generalstab), Bd. 1–5, Berlin 1910/11.
- Die englischen Maßnahmen aus Anlaß der Beschießung einer englischen Fischerflotte durch das russische II. pazifische Geschwader in der Nordsee. In: Marinerundschau Juli–Dez. 1904.
- Istorija-voennogo iskusstva, Bd. 3, Moskau 1953.
- Lenin, W. I., Der Fall von Port Arthur. In: Werke, Bd. 8, Berlin 1959.
- Lenin, W. I., Die Katastrophe. In: Werke, Bd. 8, Berlin 1959.
- Maltzahn, C., Der Seekrieg zwischen Rußland und Japan, Bd. 2, Berlin 1913.
- Nowikow-Priboi, Tsushima, Berlin 1986.
- Reventlow, E., Der russisch-japanische Krieg, Bd. 1–2, Berlin 1905.
- Ssemenow, W., Die Schlacht bei Tsushima, Berlin 1907.

4. Die Jagd auf die »Bismarck«

- Bennet, G., Seeschlachten im 2. Weltkrieg, Bonn 1981.
- Hensel, E., Einsatz und Untergang der »Bismarck« im Unternehmen »Rheinübung«. In: Marinewesen 9/1965.
- Hubatsch, W., Hitlers Weisungen für die Kriegführung 1939–1945, Koblenz 1983.
- Lakowski, R., Wunderlich, W., Zwischen Flottenschlacht und Zufuhrkrieg, Berlin 1978.
- Lakowski, R., Wunderlich, W., Seekriegsplanung und Flottenrüstung des deutschen Imperialismus vor dem zweiten Weltkrieg. In: Militärgeschichte 6/1974.
- Raeder, E., Mein Leben, Bd. 1 und 2, Tübingen 1956/57.
- Salewski, M., Die deutsche Seekriegsleitung 1935–1945, Bd. 1 bis 3, Frankfurt/M. 1970/73.
- Schumann, W., Deutschland im zweiten Weltkrieg, Bd. 1, Berlin 1974.
- Steigleder, H., Gedanken zum Einsatz schwerer deutscher Kriegsmarineeinheiten im zweiten Weltkrieg. In: Militärgeschichte 6/1965.
- Wagner, G., Lagevorträge des Oberbefehlshabers der Kriegsmarine vor Hitler 1939–1945, München 1972.
- Zimmer, G., Raeders Rüstungsplan vom Frühjahr 1934 im Rahmen der Kriegsvorbereitungen Hitlerdeutschlands. In: Marinewesen 5/1967.

Bildnachweis

ADN-Zentralbild (2); Archiv des Verlages (13); Deutsche Staatsbibliothek, Berlin (2); Hinstorff Verlag, Rostock (3); Rijksmuseum, Amsterdam (1); Sächsische Landesbibliothek/Abt. Deutsche Fotothek, Dresden (12); transpress Verlag, Berlin (5); Zentrales Bildarchiv der Volksmarine, Rostock (13)

Aus folgenden Büchern wurden Abbildungen reproduziert: H. Bernartz, Marinemaler, Herford 1984; R. Brommy/H. Littrow, Die Marine, Wien/Pest/Leipzig 1878; Deutsche Flottenzeitung Überall, Jg. 1905/06; Foss, Marinekunde, Stuttgart/Berlin/Leipzig o. J.; v. Holleben, Seehelden und Seeschlachten in neuerer und neuester Zeit, Leipzig 1907; P. Kuntze, Volk und Seefahrt, Leipzig 1939; L. Reuter, Scapa Flow, Leipzig 1921; E. Reventlow, Der russisch-japanische Krieg, Bd. 1–2, Berlin 1905; W. Ssemenow, Die Schlacht bei Tsushima, Berlin 1907; W. Truchanowski, Horatio Nelson, Berlin 1990.

Beike, Manfred:

Kaleidoskop der Seeschlachten : Armada – Trafalgar –
Tsushima – »Bismarck« / von Manfred Beike. 1. Aufl. –
Berlin : Brandenburg. Verl.-Haus, 1990. – 124 S.: 81 Ill., 15 Ktn. –

1. Auflage

Printed in the German Democratic Republic
Gesamtherstellung: Grafische Werke Zwickau
Lektor: Erika Rathmann
Gesamtgestaltung: Wolfgang Ritter
Reproduktionsfotografen: Hartwig Eisel, Monika Fielitz,
Jean Molitor, Rudolf Streidt
Kartenzeichner: Karl Hafenrichter
Redaktionsschluß: August 1989
LSV: 0549
Bestellnummer: 747 299 6

Marine-Flaggen

Oscar Brandstetter, Leipzig.